実践!!

# 秘密保持契約書審査の実務

出澤総合法律事務所[著]

学陽書房

# はしがき

　秘密保持契約は、昨今の企業活動において、日常的に目にする最も一般的な契約類型の一つである。秘密保持契約は、それに続く取引契約、事業提携契約、共同開発契約等の本来の取引のいわば前座であり、秘密保持契約自体が紛争の対象となることは想定されにくい。そのためか、企業によっては、法務審査の対象とせずに、営業等の現場の審査に任せる例もあるようである。しかしながら、秘密保持契約書の条項は、案外バリエーションが豊富であり、その表現の意味を理解していないと、秘密管理に抜け漏れが生じるおそれがあり、思わぬ怪我を負うことにもなりかねない。

　本書は、秘密保持契約書の様々な条項例を参考に、その意味を深く掘り下げた。条項の意味の理解には、他の条項例を参考にするのが有益である。そこで、本書では、実務で使用されている条項、ウェブ上で公開されている大学等の秘密保持契約の条項等を参考例で掲げたほか、経済産業省が公表した「秘密情報の保護ハンドブック」の参考資料1第4「業務提携の検討における秘密保持契約書の例」（2016年2月8日）を対比的な利用のために本文及び巻末に引用・掲載させていただいた。これによって、秘密保持契約の典型的な条項であっても、表現方法によって、意味、適用範囲などの相違が生じることが理解しやすくなる。巻末には、基本的な秘密保持契約書のほか、状況に応じてアレンジを加えた詳細な秘密保持契約書のひな形を掲載した。本書をお読みいただき、普段目にしている秘密保持契約書の条項の趣旨と表現方法により生じる微妙な意味の相違にあらためて気付いていただければ幸いである。

　また、本書は、秘密保持契約の一類型ともいえる、企業内における秘密保持誓約書も逐条的に解説を加え、また、企業内での秘密保持に関連して、不正競争防止法の営業秘密の保護に関する条文を一部取り上げた。巻末には、採用時・退職時の誓約書のひな形も掲載している。そこでは

具体的な裁判例を掲げたが、案外どこでも起こり得る事例であり、企業の秘密管理の意識を高めていくための参考になる。

　本書は、企業において秘密保持契約書の審査を行う立場の方から弁護士、司法書士、行政書士等の法律実務家まで、秘密保持契約書の審査に携わる方々を直接の対象としているが、秘密保持契約書の条項の解釈を通じて、一般的な契約条項の解釈方法が理解できるように周辺の知識を所々に盛り込んだ。したがって、およそ契約書審査に関係する仕事に携わる方々に、広くお役に立てるのではないかと自負している。

　本書では、各所に四角囲みで参考となる裁判例を掲載したが、事例の紹介に留めたものもあり、また、判決文は任意の箇所を引用し、適宜要約し、下線を引くなどして、原文と異なるニュアンスが生じている可能性があることをご容赦願いたい。

　最後に、本書執筆にお世話になった学陽書房の伊藤真理江氏、校正担当者の福井香織氏に深く感謝する次第である。

　本書は、当事務所編の『実践‼契約書審査』シリーズの４作目であり、このような多くの執筆の機会を与えてくださった学陽書房の皆様に厚くお礼を申し上げる。


　2019年11月

出澤総合法律事務所

代表弁護士　出澤　秀二

実践!! 秘密保持契約書審査の実務
# もくじ

はしがき ………………………………………………………………………… 3
凡例 ……………………………………………………………………………… 10

## 第1章 最初におさえる秘密保持契約の基本

### ① 秘密保持契約の目的とは ……………………………………………… 14
1 そもそも「秘密保持契約」とは？ ………………………………… 14
2 立場に応じた仕組み作りが大事 …………………………………… 16
3 秘密保持契約書作成時の視点 ……………………………………… 16
4 秘密の実効的な管理 ………………………………………………… 17

### ② 取引基本契約書との競合 ……………………………………………… 19
1 取引基本契約書と秘密保持契約書の関係 ………………………… 19
2 従前の秘密保持契約と並列させる場合の条項例 ………………… 20

### ③ 開示者・受領者が複数の場合 ………………………………………… 21
1 開示者・受領者が複数になる場合の契約条項の記載例 ………… 21
2 代理締結したい場合の条項例 ……………………………………… 23

## 第2章 秘密保持契約の条項ごとの留意点

### ① 契約の目的（1条） …………………………………………………… 28
1 契約の目的の必要性 ………………………………………………… 29
2 目的の記載例 ………………………………………………………… 29

5

|   |   |   |
|---|---|---|
| 3 | 片務契約と双方契約 | 30 |

## ② 秘密情報の定義（2条1項） … 31

|   |   |   |
|---|---|---|
| 1 | 開示を受けた情報 | 32 |
| 2 | 定義規定を設ける際のポイント | 32 |
| 3 | 秘密情報の記載・記録媒体について | 36 |
| 4 | 契約内容・売主が提示する価格表について | 37 |
| 5 | 信義則上の守秘義務と参考裁判例 | 38 |
| 6 | 経済産業省の参考条項との比較 | 39 |

## ③ 秘密情報の例外（2条2項） … 42

|   |   |   |
|---|---|---|
| 1 | 適用除外条項の意義 | 43 |
| 2 | 適用除外条項のポイント | 43 |

## ④ 秘密の管理（3条） … 49

|   |   |   |
|---|---|---|
| 1 | 「管理」の要点 | 50 |
| 2 | 注意義務のレベルに応じた修正例 | 52 |
| 3 | 受領者の開示対象者 | 53 |
| 4 | 秘密の管理に関する事故時の対応 | 53 |
| 5 | 複製等に関する定め | 53 |
| 6 | 管理方法の指定 | 54 |
| 7 | 公的機関から開示を求められたときの取扱い | 54 |
| 8 | その他条件を追加する場合 | 57 |

## ⑤ 事故時の対応（3条4項） … 59

|   |   |   |
|---|---|---|
| 1 | 事故時の対応を想定した条項 | 59 |
| 2 | 第三者からの損害賠償等の請求に備えた修正例 | 61 |

## ⑥ 秘密情報の返還（4条） … 63

|   |   |   |
|---|---|---|
| 1 | 秘密情報の返還・廃棄 | 63 |
| 2 | 秘密情報の特定 | 65 |
| 3 | 経済産業省の条項例についての検討 | 67 |

4 ひな形1における構文の解説 ················································ 68

## ⟨7⟩ 義務の不存在（5条） ······················································ 69

1 開示義務の不存在の合意 ·················································· 70

2 ライセンス許諾の不存在の合意 ········································ 70

3 取引開始義務の不存在の合意 ············································ 71

## ⟨8⟩ 秘密期間（6条） ·································································· 72

1 秘密保持契約終了後の秘密の取扱い ·································· 73

2 秘密保持期間の設定 ························································ 74

3 財産的情報の保護の継続 ·················································· 75

4 契約の始期・満了を定める場合の条項例 ··························· 75

5 契約の更新を定める場合の条項例 ····································· 76

## ⟨9⟩ 権利義務の譲渡承継の禁止（7条） ································· 77

1 譲渡禁止特約の意義 ························································ 77

2 新民法における債権譲渡禁止特約 ····································· 78

3 包括承継の場合にも対応するための修正例 ······················ 79

## ⟨10⟩ 仲裁（8条） ········································································ 81

1 準拠法・紛争解決手段・管轄 ··········································· 81

2 紛争解決手段の設定の要否 ·············································· 82

3 紛争解決のシミュレーション ··········································· 82

4 紛争解決手段を明確化する修正例 ····································· 85

## 第3章 その他の注意すべき条項

## ⟨1⟩ 開示情報の正確性の保証 ················································· 88

1 正確性の保証の意義 ························································ 88

2 対応の方向性を示す修正例 ·············································· 89

3 秘密情報のオリジナリティを保証する修正例 ··················· 90

7

## ② 監査条項 ……………………………………………… 92

1 監査の手段を定め、実現性を高める修正例 ……… 92
2 事故発生時に監査を求めるための修正例 ………… 94
3 秘密情報の不正使用の疑いに対応する修正例 …… 95

## ③ 知的財産権処理条項 ……………………………… 96

1 知的財産情報の開示と秘密保持契約のポイント … 96
2 開示に伴うリスクをカバーする修正例 …………… 97
3 発明・考案・意匠又はノウハウの法的位置付け … 99
4 残存期間の設定も検討する ………………………… 99

## ④ 差止請求権・原状回復請求権・損害賠償請求権 … 100

1 差止請求権 …………………………………………… 100
2 原状回復請求権 ……………………………………… 101
3 損害賠償請求権 ……………………………………… 101

## ⑤ 残留情報 …………………………………………… 103

1 残留情報（residuals）とは ……………………… 103
2 開示者側の対策としての修正例 …………………… 104

## ⑥ 個人情報 …………………………………………… 105

1 秘密情報に個人情報が含まれる場合の条項例 …… 105
2 主な開示情報が個人情報である場合の条項例 …… 106

## ⑦ 反社会的勢力排除条項 …………………………… 109

1 反社会的勢力排除条項の根拠 ……………………… 110
2 解除に遡及効を持たせたい場合の修正例 ………… 111
3 相手方と既に取引関係が成立している場合の条項例 … 112

## ⑧ 契約解除 …………………………………………… 113

1 一般的な解除条項において遡及効を避ける方法 …… 114

2 残存条項の効力 ···································· 115

### 9 その他の条項 ···································· 118

1 ソフトウェアの提供に関連する条項例 ················· 118
2 トライアル用のソフトウェア等についての検討結果に
関連する条項例 ···································· 120
3 海外への情報輸出管理に関連する条項例 ··············· 121
4 競業制限のための条項例 ···························· 122

### 10 データの取扱い ···································· 123

1 秘密情報の対象となるデータ ························· 123
2 管理・返還に伴うデータの特定についての留意点 ········· 124

## 第4章 企業内の秘密保持

### 1 秘密保持誓約書 ···································· 128

1 秘密保持「契約書」と「誓約書」 ····················· 128
2 採用時の秘密保持誓約書の条項 ······················ 129
3 退職時の秘密保持誓約書の条項 ······················ 138
4 誓約書徴求のタイミングと徴求できなかった場合の対応 ··· 139

### 2 不正競争防止法による営業秘密の保護 ··············· 141

1 民事上の請求が可能となる行為 ······················ 142
2 刑事罰の対象となる行為 ···························· 147

### 巻末資料 （ひな形）

ひな形1 秘密保持契約書（基本形） ····················· 154
ひな形2 秘密保持契約書（詳細な形） ··················· 158
ひな形3 経済産業省・参考条項 ······················· 165
ひな形4 採用時誓約書 ······························· 168
ひな形5 退職時誓約書 ······························· 171

9

## 凡　例

○　法令等の内容は、2019年10月1日現在公布のものによります。
○　判決等の内容を紹介する部分は筆者による要約です。なお、かっこ内は引用です。
○　判決や条文に引いた下線は、筆者によるものです。
○　本文中、法令等及び資料、判例を略記した箇所があります。次の「略記表」を参照してください。

### ■法令その他

| 〈略記〉 | 〈法令名等〉 |
|---|---|
| 新民法、新民又は民 | 民法の一部を改正する法律（債権関係）（平成29年法律第44号）施行後の民法 |
| 民訴 | 民事訴訟法 |
| 刑訴 | 刑事訴訟法 |
| 個人情報保護法 | 個人情報の保護に関する法律 |
| 著 | 著作権法の一部を改正する法律（平成30年法律第30号）施行後の著作権法 |
| 特 | 特許法 |
| 金商法 | 金融商品取引法 |
| 不競法 | 不正競争防止法 |

〈条文の表記〉
新民617Ⅰ①　民法第617条第1項第1号

### ■判例

| 最判 | 最高裁判所判決 |
|---|---|
| 高判 | 高等裁判所判決 |
| 地判 | 地方裁判所判決 |

■資料

| 判時 | 判例時報 |
| --- | --- |
| 裁判所HP | 裁判所ウェブサイト |

〈判例の表記〉

最判昭41.7.1判時457・35　最高裁判所昭和41年7月1日判決判例時報457号
　　　　　　　　　　　　　35頁


■文献

| 経済産業省・参考条項<br>（ひな形3） | 経済産業省公表2016年2月8日「秘密情報の保護ハンドブック」参考資料1第4「業務提携の検討における秘密保持契約書の例」の条項 |
| --- | --- |

第1章

最初におさえる
秘密保持契約の基本

# 1 秘密保持契約の目的とは

## POINT

- ☑ 秘密保持契約の目的は、秘密情報の「目的外使用」と「第三者開示」の禁止が基本。
- ☑ そのための仕組みを構築するのが、秘密保持契約の役割。
- ☑ 開示者・受領者ともに、秘密情報の管理体制を整備し、秘密保持契約の実効性を支援する。

## ❶ そもそも「秘密保持契約」とは？

### (1)「秘密保持契約」が保証するもの

　秘密保持契約とは、契約当事者間で開示される情報の秘密を維持するために締結されるものである。その目的は、開示する秘密情報につき、情報の受領者が「目的外の使用をしないこと」と「漏洩しないこと」の保障である。

　秘密保持契約ないし秘密保持条項は、しばしばNDAと略称される（Non-Disclosure Agreement の頭字語。以下「NDA」ということがある）。また、Confidentiality Agreement の頭字語として、CA と呼ぶこともあるが、意味は同じである。

　企業提携や M&A、共同研究・共同開発、ライセンス等およそ相手方に秘密情報を開示して進める重要な契約交渉は、秘密保持契約の締結から始まる。また、企業内では、就業規則、秘密管理規程類や従業員から

14　第1章　最初におさえる秘密保持契約の基本

徴求する誓約書などに NDA が設けられている。

　なお、本書で使用する「目的」には、秘密保持契約自体の「目的」と締結すべき当該秘密保持契約の「目的」の2通りの意味があるので留意されたい。

　秘密保持契約は、秘密保持に関する事項のほか、技術情報を取り扱うときは知的財産権保護の観点、個人情報を取り扱うときは個人情報保護の観点から、別途条項の検討が必要となる。

## （2）秘密保持契約を締結する意義

　秘密保持契約締結の意義は、概ね次のとおりである。これらの観点から、契約条項に遺漏がないかチェックする。

① 「秘密情報」の明確化による「管理可能性」の確保。不正競争防止法の「営業秘密」の要件である「秘密管理性」（不競法2Ⅵ）を備えるとともに、明確化により秘密の保護を強化する

② 使用目的の特定による「使用の制限（目的外使用の禁止)」の担保

③ 開示先を限定することによる「漏洩防止」の担保

④ 秘密情報の例外を設けることにより、事業活動に「過度な制約が及ぶことを制限」

⑤ 管理、監査の方法を設定することにより、「管理の有効性」と「管理の可視化」を図る

⑥ 情報漏洩等の「事故時の対応」を具体化する

⑦ 秘密保持義務の継続期間を設定することにより、「管理の期間」を明確化する

⑧ 契約終了時の取扱いを定めることにより、「開示した情報の所在」を明確化する

⑨ 当事者間の「秘密保持意識の向上」による事故防止

## ❷ 立場に応じた仕組み作りが大事

　秘密保持契約の目的は、上記のとおり、情報受領者が開示を受けた秘密情報につき、「目的外に使用しないこと」及び「漏洩しないこと」ことの保障であるが、この目的を達成するために、どのような仕組みを作ればよいであろうか。お互いが開示者とも受領者ともなり得る相互の秘密保持契約の場合、開示する立場からは、自分の秘密が守られる仕組みであることはもちろんであるが、受領する立場からは、開示者の秘密情報により、管理が負担になったり、企業活動が制約されては困るのであり、このような観点も仕組みの構築には留意が必要である。

## ❸ 秘密保持契約書作成時の視点

### （1） 契約書作成「前」の視点

　秘密保持契約書は、意外にバリエーションが豊富である。作成の際の基本的な視点は、次のとおりである。
① 　情報を開示する側か、開示を受ける側か、相互に開示しあうのか
　秘密情報の開示をする立場と受ける立場で規定の力点が異なる。重要なのは、前者であれば開示した情報の保護であり、後者であれば受領した情報の管理である。また、双方向の開示であっても、重要な情報を開示する立場であるかどうかによっても同様の注意を要する。
② 　いかなる情報が秘密情報となるのか
　秘密であることが認識できないと保護を及ぼすのが困難となるので、どのように秘密である旨を表示するのが適切かという判断が必要となる。また、重要性に応じて、情報取扱いに関する管理の程度が異なる（コピー禁止、開示対象者の極端な限定、管理状況の監査等）。

③　秘密保持義務の内容の構成

　情報管理の方法、事故時の対応、契約終了時・終了後の措置、違反への対応等、秘密保持義務の内容を構成する。

## （2）契約書作成「時」の視点

　上記①②③を踏まえた上で、次のチェックポイントに進む。

① 「目的外使用」と「第三者開示」の禁止が基本なので、それをどのように担保するのか。実際の秘密情報の伝達の流れを想定して、シミュレーションをしてみる。

②　秘密保持義務は実効性を伴うものか。実効性の担保のために有効な周辺措置をどのように構築するか。

③　管理の有効性を検証するための監視、監査機能はどうするか。遵守状況について説明を求めることができるようにするか。第三者の専門家に監査させることができるようにするか。

④　秘密保持義務の及ぶ期間はいつまでか。また、その期間が経過したらどうなるのか、どうしたいのか。

⑤　違反の場合の対応（法的手続）をどうするか。訴訟でよいのか、仲裁がよいのか。その手段は、相手方の不正使用が疑わしい場合の対応方法としても適当か。

⑥　秘密情報の例外規定の存在、競業禁止規定の不存在等などをチェックし、過剰な負担を生じさせないようにする。


## ◆４　秘密の実効的な管理

　単に契約書を作成したことで安心はできない。秘密情報の管理の仕組みを、次のように構築する。

①　対象となる情報の明確化

　情報の性質、重要性等によって、管理の方法は異なる。

1. 秘密保持契約の目的とは　17

② 開示の際の秘密である旨の明確な表示

　開示した秘密情報の記録（いつ、誰に、内容等）の管理を実践する。

③ 社内体制の整備

　次の措置を講ずる。

　（ⅰ）物的安全管理措置：秘密の明示、媒体の保管場所、漏洩・盗難
　　防止措置等

　（ⅱ）人的安全管理措置：情報管理規程、情報管理責任者の設置、社
　　内研修、守秘誓約書、就業規則の守秘義務規定等

④ 契約終了時の秘密情報返還・廃棄の確認

　契約終了時には、開示した秘密情報が受領者に保持され続けないこと
を明確化する。

　2章以降において、これら秘密情報の管理の仕組を契約書の条項に
どのように落とし込むか検討する。

# 2 取引基本契約書との競合

### POINT

☑ 取引基本契約書に秘密保持条項があるが、従前、秘密保持契約書を取り交わしている場合は、両者の調整が必要となる。
☑ より詳細な秘密保持契約書の効力を継続させる方法がある。
☑ 並列させて優先関係を明確にしておけばよい。

## ❶ 取引基本契約書と秘密保持契約書の関係

　秘密保持契約を締結して新規の取引を協議していたが、正式に取引を開始する場合に用意する取引基本契約書には、秘密保持条項があるのが一般的である。この場合、秘密保持契約書は終了させて、取引基本契約書の秘密保持条項に移行することになるのか。
　まず、当該秘密保持契約の目的であるが、「取引の検討」ということであれば、検討目的の秘密保持契約は、目的を達したわけなので、終了させ（期限の終期を待てばよい）、その後は、取引基本契約の秘密保持条項に役割を任せればよい。
　しかし、秘密保持契約の目的が、「協力関係の検討、準備及び実施」のように、何らかの正式契約が締結された後をもカバーする内容となっている場合、秘密保持契約の方が保護の内容が厚いのが一般的なので、それを並列的に残したいという要請が働くことがある。

## ❷ 従前の秘密保持契約と並列させる場合の条項例

　従前の秘密保持契約を並列的に残したい場合は、取引基本契約に次のような条項を設ければよい。

> **第○条　（秘密保持）**
> 　甲と乙の間で別途秘密保持契約を締結している場合、本条において定めのない事項及び本条に抵触する事項は、同秘密保持契約の定めに従う。この場合、上記秘密保持契約の有効期間は、本契約の契約期間に従うものとする。

　この条項の場合、従前の秘密保持契約の目的が「検討」に留まるものであったとしても、それにかかわらず、正式契約における秘密保持は、当該秘密保持契約に従うことになる（当事者が目的の変更を合意したことになる）。

　ところで、従前、秘密保持契約により授受された秘密情報は、正式に取引契約が締結された際は、どのように取り扱われるべきであろうか。

　当事者の合理的な意思としては、従前受領した秘密情報は、いったん返還・廃棄するのではなく、引き続き正式契約の秘密保持条項に従って維持されることになるものと考えられる。秘密保持契約には一般的に、開示者が求めたときに受領した秘密情報を返還・廃棄する受領者の義務が定められているので、開示者が回収したい秘密情報は、当該条項に従って個別に返還・廃棄を求めればよいので、このように解しても特段の問題はない。

# 3 開示者・受領者が複数の場合

### POINT

☑ 開示者・受領者が複数になることが想定される場合は、履行補助者が自己の秘密情報を開示し、また、開示者から受領するという仕組みとすることができる。
☑ 権利の行使を開示者である関係会社に委ねる場合は、第三者のためにする契約となる条項を設ける。
☑ 権利の行使・義務の履行を開示者である関係会社に帰属させる場合は、親会社が代理して秘密保持契約を締結する。この場合、親会社が自ら権利を行使し義務を履行できるように仕組みを整える。

　開示者が関係会社を含む複数の会社を予定している、受領者が同じく複数となる、又は開示者も受領者も複数になる可能性があるなど、当事者は1対1でも、実際に開示・受領をする現場では複数の法人格が想定されている場合がある。

## ❶ 開示者・受領者が複数になる場合の契約条項の記載例

　開示者・受領者が複数になる場合は、契約書は次のような構成をとる。

## （1）開示者が複数の場合

> **第○条　（開示者）**
>
> 　開示者には、甲又は乙の関係会社が含まれるものとし、当該関係会社による開示は、甲又は乙が本秘密保持契約に従い開示をしたものとみなす。

## （2）受領者が複数の場合

　あらかじめ契約書で開示者の書面の承諾を得て再開示する第三者という取扱いとなる。次の条項例のように関係会社を含む旨包括的な記載をする方法、本文又は別紙として列挙する方法などがある。また、当該関係会社の行為には、受領者が責任を負うことを明記する。法律上、親会社は、当該関係会社に故意過失があれば、自己の責めに帰すべき事由があることになる（信義則上自己の行為と同等とみなされる）。

　「関係会社」は、会社計算規則に定義があるが、「関係会社（会社計算規則の定義による）」と記載してもよい。

> **第○条　（受領者）**
>
> 　受領者には、甲又は乙の関係会社が含まれるものとし、当該関係会社による受領は、甲又は乙が本秘密保持契約に従い受領をしたものとみなし一切の責任を負う。

## （3）開示者及び受領者がいずれも複数の場合

　以上（1）と（2）の組み合わせとなる。

> **第○条　（開示者・受領者）**
> 　開示者及び受領者には、甲又は乙の関係会社が含まれるものとし、当該関係会社による開示及び受領は、甲又は乙が、本秘密保持契約に従い開示及び受領をしたものとみなし本契約に定める一切の権利を有し義務を負う。

# ❷　代理締結したい場合の条項例

　上記❶の場合は、関係会社による開示・受領についても、親会社たる甲又は乙が権利を有し義務を負うという契約の構造は変わらない。

　それでは、実際に開示をした当該関係会社が直接に相手方に対し権利を有し義務を負うことにしたい場合はどうすればよいであろうか。あまり例はないであろうが、若干考察する。

## （1）　権利を有することにしたい場合は、「第三者のためにする契約」（新民537）がある

> **第○条　（権利行使）**
> 　甲又は乙の関係会社が秘密情報を開示した場合には、当該関係会社は、受領者に対し、直接意思表示をすることによって、本秘密保持契約に基づく権利を行使することができる。

　当事者の一方が第三者に対してある給付（義務の履行）をすることを合意したときは、当該第三者は、債務者に直接その給付を請求できる（新民537Ⅰ）。この第三者は、契約時に存在ないし特定している必要はない（同Ⅱ）。そして、上記第三者の権利は、当該第三者が債務者に対し請求をした時に生じる（同Ⅲ）。

　このような「第三者のためにする契約」の性質を有する条項は、一般

3. 開示者・受領者が複数の場合　23

的に契約書審査の際に目にすることがあり（メーカーと販売店との間におけるメーカーがエンドユーザーに直接保証を提供する等の合意）、この考え方を知っておくことは、契約書全般の審査に有益である。

## （2）権利義務を帰属させたい場合は、委任の形式をとる

> **第○条　（代理）**
> 　甲及び乙は、自らを当事者とするとともに、それぞれ別紙記載の関係会社を代理して本秘密保持契約を締結する。

　契約書の冒頭に上記のような一文を加えればよい。内部的な委任は、対外的には代理となる。親会社が関係会社から委任を受けることは容易であると想定されるので、それぞれ委任状を確認する必要はない。万が一、委任を受けていない場合には、親会社が無権代理人として履行の責任を負うので（新民117）、差支えはない。

　しかしながら、実務的には、親会社が権利義務を引き受けたいとする場合も想定されるので、次のような条項を設けておくのが望ましい。

> **第○条　（権利義務の帰属）**
> 　別紙記載の関係会社による本契約に基づく秘密情報の開示・受領に関し、甲及び乙（注：親会社）は当該関係会社のために、自己の名義で相手方に対し、本契約に基づく権利を行使し義務を履行することができる。

　この程度の簡潔な条項でも十分であろうが、もっと詳細に意を尽くすのであれば、次の条項例も考えられる。

> **第○条　（権利義務の帰属）**
> 　別紙記載の関係会社による本契約に基づく秘密情報の開示・受領に関し、甲及び乙は、自己の関係会社の行為を自己の行為とみなし、自己の

名義で権利を行使し義務を履行することができる。また、甲及び乙は、相手方の関係会社の本契約に基づく行為を相手方の行為とみなし、相手方に対し権利を行使し義務を履行することができる。甲又は乙が、上記に従い、それぞれの関係会社の行為を自己の行為又は相手方の行為とみなす旨を書面で相手方に通知したときは、当該行為に関し甲又は乙と相手方との間において本契約における権利義務が承継される。

　上記条項例は、親会社が自己の関係会社の行為につき自己の名義で権利を行使し義務を履行する場合とその逆に相手方の関係会社の行為を相手方の行為とみなす効果を明確にしている。

　この条項例は、秘密保持契約に限らず、関係会社による売買に取引基本契約の効力を及ぼしたい場合などに使用することが想定される。

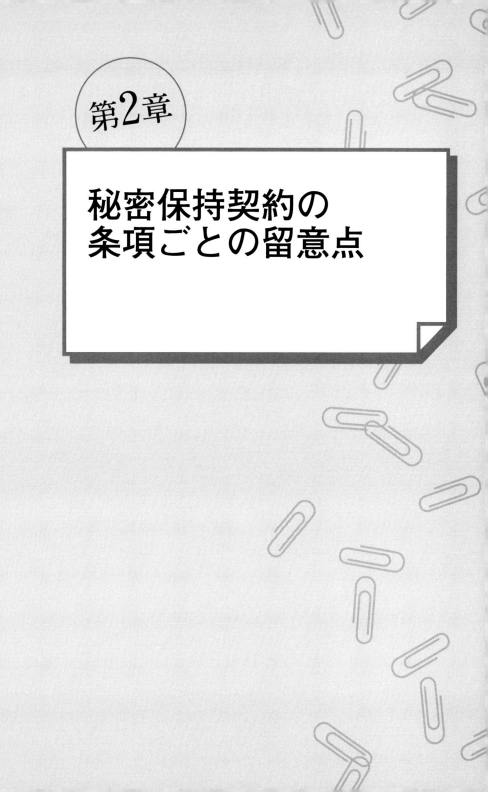

第2章

秘密保持契約の条項ごとの留意点

# 1 契約の目的（1条）

## POINT

- ☑ 秘密保持契約の目的の記載は、目的外使用の禁止の基準となる。
- ☑ 目的は、取引の検討、準備及び実施のように、検討段階から正式取引に移行した後にも使用できるような記載もある。
- ☑ 片務の秘密保持契約は、本当に一方的な開示となるのか、また、受領者に過度に厳しい内容となっていないか確認が必要である。
- ☑ 双方の秘密保持契約の場合に、いずれかの当事者に不公平な取扱いがされていないか確認が必要である。

---

**第1条　（目的）**
　本契約は、甲及び乙が、次の目的（以下「本目的」という。）に関して、相互に開示する秘密情報の取扱いを定めるものとする（以下、秘密情報を開示する当事者を「開示者」、これを受領する当事者を「受領者」という。）。

　　　目的：○○に関する検討

☞ ひな形1（154ページ）1条

---

＊巻末に掲載した本書のひな形1秘密保持契約書（基本形）の条項を以下「ひな形1」という。

# ❶ 契約の目的の必要性

　秘密情報の目的外使用の禁止は、NDA が求める基本的義務の１つである。しかし、目的外であるか否かは、目的が明確でないと判断できない。また、およそ NDA を締結する場合には、何らかの目的があるので、目的を記載できないことも想定しにくい。契約書に「目的」と明記されていない例もあるが、デューデリジェンスの際の単発的な NDA 等であれば、目的は明らかであるので、記載がなくとも特に差支えはない。

　契約の目的は、独立した条項を設けるまでもなく、契約書の冒頭（当事者名の記載等）に「（甲と乙は）〇〇の検討にあたり（本契約を締結する。）」のような文言を挿入することでも足りる。

# ❷ 目的の記載例

　具体的な取引ではないが、今後の協力関係を構築するために、ひとまず秘密保持契約を締結する例もある。その場合は、次のような記載例が考えられる。

> 目的：取引（提携、協力関係等）の検討、準備及び実施

　このように「検討、準備及び実施」が記載されていれば、準備段階から、交渉時、さらには何らかの取引契約等の締結後まで広く対応することができる。

　また、正式取引の際に別途秘密保持契約書が締結されることもある。この場合は、目的欄には、取引の正式名称が記載されることになるが、「甲乙間の一切の取引」という包括的な記載も考えられる。なお、正式取引の際の秘密保持契約では、本契約との期間の整合、本契約が解除された場合の取扱い、業務委託であれば業務遂行に際して受託者が収集し

1. 契約の目的（1条）　29

た情報の取扱い等別途検討すべき事項がある。

## ❸ 片務契約と双方契約

　秘密保持契約には、開示者と受領者が当事者のいずれか一方である場合と、当事者が開示者と受領者の双方の立場である場合がある。前者は、開示者は自己の保有する秘密情報を開示する義務を負うことなく、受領者が受領した秘密情報の管理等の義務を負う片務契約となる。取引交渉の際に、先方から片務の秘密保持契約案が提示された場合、本当に一方的な保持開示に留まるのか（当方も秘密情報を開示することはないのか）及び受領した相手方の秘密情報を契約書の定めどおり管理等（監査に応じる義務や一定の競業禁止も規定されている可能性がある）が可能なのか（社内体制、既存事業に対する影響等）を検討する必要がある。

　片務契約は、開示者側から提示されるのが一般的であり、かつ、自らが何らかの義務を負うものではないので、受領者の義務を厳しく規定している可能性がある。受領者側では、このような観点も踏まえてチェックが必要である。

　双方契約の場合は、片方だけの義務が定められている条項がないか（不公平）、また、双方契約でも当方の重要な秘密情報を開示することが想定される場合であれば、受領者の義務が緩くなっていないか等の実質的な観点を踏まえる必要がある。

30　第2章　秘密保持契約の条項ごとの留意点

# 2　秘密情報の定義（2条1項）

**POINT**

- ☑ 秘密情報は、合理的に秘密であることの認識が生じなければ、保護の対象から除外されることがあり得る。
- ☑ このため、秘密であることの表示は、受領者の認識のためのみならず、開示者の秘密管理の面でも重要。
- ☑ 秘密であることの認識を高めるため、どのような情報が秘密情報となり得るのか例示しておくことが有用。
- ☑ 口頭、映写による開示の場合も想定する必要がある。
- ☑ 秘密である旨の表示をしなくとも秘密情報とすべき必要があるか否かを検討する。
- ☑ 秘密情報の複製や秘密情報を記載・記録した媒体についても適切な処理が必要。
- ☑ 信義則上の守秘義務という概念も知っておきたい。

---

**第2条　（秘密情報の定義）**

1. 本契約において秘密情報とは、本契約期間中、受領者が開示者又はその指定する者から開示を受けた情報であって次の各号の一に該当するものをいう。また、秘密情報の複製並びに秘密情報を記載又は記録した媒体は、秘密情報とする。
   (1)　技術、設計、財務、事業計画、企画その他関係する資料の内容が有体物、電磁的記録、映写その他開示の結果を客観的に認識できる状態（情報が暗号化された状態を含む。）により、かつ秘密で

あることを明示して開示される情報
(2)　秘密であることを告知したうえで口頭その他前号以外の方法にて開示される情報であって、開示後7日以内に、当該情報を秘密として特定し、かつ秘密である旨の表示を付した書面が交付され、又は電磁的方法により通知されたもの
(3)　性質上又は法令上秘密として取り扱われる情報

☞ ひな形1（154ページ）2条

# ❶　開示を受けた情報

　ひな形1の柱書は、秘密情報を「受領者が開示者又はその指定する者から開示を受けた情報」としており、「受領者が開示者から開示を受けた情報」と限定していない。これは次のような場合を想定していることによる。
　①　開示者が協力会社を指定してそこから情報を開示する場合
　②　開示者が受領者に委託した業務の遂行に際し第三者から収集した情報（受託者が受託業務として収集した顧客アンケートの内容等）
　すなわち、開示者自身が情報を開示する場合だけではないので、条項はそのような場合を想定して規定したい。ただし、「開示者が開示した情報」と規定しても、契約の合理的な解釈により、これに準じる上記の場合を含むと考えることは可能である。

# ❷　定義規定を設ける際のポイント

## （1）1号における秘密情報の例示列挙等

　「秘密情報」といえるためには、双方にとって秘密情報という認識が一致する程度に対象が特定されていることが必要である。そもそも、受

領者にとって秘密情報であることが認識できなければ、規範意識が働かないのであり、保護の対象とは認め難い。この点、1号のように、秘密情報の例示列挙は、認識の範囲を明確化するものであって、受領者による秘密性の認識可能性を高めるものとして有用である。

「秘密であることを明示」であるが、パスワード（不正アクセス禁止法にいう「識別符号」）で保護されたファイルを電子メールで送信した場合も秘密の明示といえるであろうか。特に、添付ファイルには自動的にパスワードが設定されるシステムの場合、送信による提供資料は、すべて秘密情報ということになる。しかし、パスワードは、これを使用できる正当な権利が上記法律でも保護を受けているところから（無許諾の使用は違法）、これを使用しなければ開かない又は解凍できないファイルは、パスワードの設定自体が秘密であることを明示していると評価することができるであろう。なお、受領者は、このようなファイルを受信してパスワードで閲覧可能な状態にした場合は、その複製に対し管理義務として開示者の秘密である旨を表示しなければならない（ひな形1・3条5項参照）。

情報がプロジェクターによる映写で開示される場合がある。「映写」は、このような場合の情報の取扱いを明確にする。映写資料の場合は、作成の際、各ページに「秘密」「confidential」などの表示を徹底しておくべきである。

## （2） 2号における秘密情報として後日特定される情報

会議などで、情報が口頭で開示される場合がある。2号は、このような場合の情報の取扱いを明確にする。口頭の場合は、情報の内容、範囲が不明確なので、後日速やかに特定しておかないと、当該情報の適切な管理は見込めない。開示後「7日」については、「30日」のように比較的長い期間を置くものもあるが、書面等での特定に長引くことも想定されるので、実情に合わせて設定することになる。

この「開示後〇日以内」であるが、（ⅰ）「〇日以内に、当該情報を秘

密として特定等した場合に秘密情報とする」のように、〇日以内の特定等を秘密情報の要件とする方法と、（ⅱ）「〇日以内にその交付がない場合には、秘密情報から除外される」という条件を付する方法がある。（ⅰ）も（ⅱ）も開示の際、秘密である旨告知しており、その範囲が口頭等の開示では明確でないので、明確性を担保するために後日の書面の交付等を求めるものである。ただ、（ⅱ）のように、秘密である旨告知して開示しても、その後〇日以内に特定する書面の交付をしないと「秘密情報から除外」となると、その文言の明確性により、当該情報から秘密性が損なわれるという大きな効果が生じる。（ⅰ）の場合は、期間内に特定する書面の交付等がなかった場合でも、後述の信義則上の守秘義務（本節❺参照）の対象となる余地は残るものと考えられる。したがって、秘密情報保護の立場からは、（ⅰ）の方が取りやすい選択である。

　なお、事後の秘密の特定の場合、書面ではなくメール等の電磁的方法で足りる場合もあるので、この旨明記した。

## （3）　3号「性質上又は法令上」の意味

　3号の「性質上又は法令上」とは何を意味するのであろうか。和文の秘密保持契約では、見かけないことも多い。

　「性質上」というのは、共同開発の検討に際しての設計図の内容などを指すが、口頭での議論の中で、常に「秘密である旨」明示することには困難が伴うこともあり、そのような場合でも相互に「秘密情報」であることを認識すべきときなどを想定している。

　「法令上」というのは、開示者が意識しないまま開示した情報がインサイダー情報に該当することもあり、受領者の立場でも注意しなければならない性質の情報がこれに含まれる。

　このように、開示の際「秘密」を明示しない（できない）秘密情報もあり得るので、網羅的に3号を入れておくのが安全である。

　同趣旨の情報を「受領者に開示された周囲の状況からして秘密として取扱うのが相当であると合理的に判断される情報」とする条項例もある。

34　第2章　秘密保持契約の条項ごとの留意点

そしてこの場合、「（当該）情報については、当該情報の開示後、30日以内に甲から受領者に当該情報が秘密情報である旨の書面による通知がなされなかった場合には、秘密情報から除外されるものとする。」と秘密性の明確化を図っている（東北大学 産学連携機構 HP 掲載の秘密保持契約（一方）1条1項）。

なお、口頭等（資料の映写に伴うプレゼンテーションの場合を含む）に限り、「秘密の性質を有する情報」を、「秘密情報」に加える条項例も目にする。このあたりは、契約の目的、開示を予定している情報の種類と重要性などを勘案して決することになろう。この場合、上記ひな形1・2条1項2号を次のように修正する。

> (2)　口頭その他前号以外の方法にて開示される情報であって、<u>開示の際秘密であることが告知されたもの、又は当該情報の性質上秘密であることが認識できるものについては、</u>開示後7日以内に、当該情報を秘密として特定し、かつ秘密である旨の表示を付した書面が交付され、又は電磁的方法により通知されたもの

このように性質上の秘密情報は、考え方も定着しておらず、取扱いが様々であるが、後述の信義則上の守秘義務の考え方と重なるものがある。

## （4）包括的に情報開示する場合の条項例

デューデリジェンスを実施する際など、開示する情報が基本的にすべて秘密情報として取り扱われることが必要な場合がある。そのような場合は、個別に「秘密である旨の表示」がなくとも秘密情報とされる。そのような場合の条項例を掲げる。

また、片務的な開示では、開示した情報は、すべて開示者の秘密情報ととらえるべき場合もあり、そのような場合も該当する。

> **第 2 条　（秘密情報の定義）**
> 　本契約において秘密情報とは、本契約に基づき、受領者が開示者又はその指定する者から開示を受けた、財務、技術、契約書、顧客情報、事業計画、労務その他一切の情報をいう。また、秘密情報の複製及び秘密情報を記載又は記録した媒体は、秘密情報とする。

　この場合、本目的に従った協議の事実も秘密情報としたいが、目的が果たされた場合の公表（情報開示）又は事前に主要な株主、重要な取引先や労働者代表と協議をするため、協議の事実を完全には「秘密」とできなくなる可能性がある（本節❹参照）。そのため、協議の事実は、別の項として、次のような条項を置くことが考えられる。

> **第 2 条　（秘密情報の定義）**
> 　甲と乙は、本契約の存在、条項及び本契約に基づく協議の事実を相互に本契約に基づく秘密情報として取り扱う。ただし、本契約に基づく秘密保持期間中、証券取引所の規則に従った開示及び重要な取引先、株主、労働者等に対する説明等の事前準備のための開示が必要な場合には、上記情報を本契約の目的を阻害しない必要最小限の範囲の者に開示することができる。

　ただし、ここまでの条項を設けなくとも、実務上は、同様の取扱いをしているものと考えられる。

## ❸　秘密情報の記載・記録媒体について

　ひな形 1 では、複製、情報記載・記録媒体そのものを秘密情報としているが、秘密情報はその内容なので、若干違和感がある。しかし、実務的には、有体物としての複製、媒体そのものを秘密情報と同等に取り扱うことで、秘密情報の保護を図ることになり、このような条項が広く利

用されている。

　情報と媒体と分ける条項例もある。この場合は、当該媒体を「秘密情報」とみなすことをしないで、複製、媒体を含めて「秘密情報等」と定義し、秘密情報の管理義務の対象とする。こちらの方が理論的とはいえるが、いずれの方法でも合意の内容は明らかなので、差支えはない。ただし、後者の方法だと、秘密情報の管理、返還・廃棄の条項において、秘密情報の内容と媒体を分けて記述することになり、表現が複雑になる。

# ❹ 契約内容・売主が提示する価格表について

　開示者である売主の価格表は、一見、「開示者の開示した情報」であって、開示者が「秘密である」旨明記しておけば、開示者の秘密情報に該当しそうである。

　しかしながら、「価格」は取引の条件であり、当事者の合意により形成されるものであって、開示者が価格表を提示しても、両者が合意した段階で、それぞれの当事者が固有に保持する情報となり得る。これによって「開示者が開示した情報」ではなく、当事者の合意に基づき「各自が原始的に取得した情報」と解することが可能である。

　したがって、価格表の内容は、取引契約が成立しなければ、開示者の秘密情報として留まるが、取引契約が成立した以上、上記条項ではこれを保護することはできないと考えておくべきであろう。

　なお、以上の考え方は、価格のみならず、その他の条件ないし契約条項自体にも当てはまる。

　それでは、取引の成立後も売主が販売価格を秘密にしておきたい場合にはどうすればよいか。次のように、合意で秘密情報とすることは可能である。

第2条　（秘密情報の定義）
　開示者と受領者は、秘密保持契約及び交渉の事実・内容を秘密保持契

2. 秘密情報の定義（2条1項）　37

約の定めに従い秘密として保持する。また、受領者は、開示者が提供した価格表の内容を、秘密保持契約の定めに従い開示者の秘密として保持し、取引契約成立後も引き続きこれを秘密として保持する。

ただし、ここまで詳細に定めた条項はあまり目にしない。次の条項（上記「また」以下の一文の代替）はしばしば目にする。当事者とすれば、これで十分意を尽くしている場合も多いと思われる。

**第2条　（秘密情報の定義）**
　開示者の受領者に開示した価格表の内容は、開示者の秘密とみなす。

## ❺　信義則上の守秘義務と参考裁判例

「信義則上の守秘義務」という考え方があり、秘密保持契約の有無を問わず観念することができる。次の裁判例（東京地判平19.3.23裁判所HP。上訴審同旨）は、特許の無効事由である新規性欠如の主張（当該設計図は不特定の第三者が知り得るべき刊行物との主張）に対する判断であるが、参考になる。このような考え方からすれば、「秘密である旨」表示して開示した情報を「秘密情報」と定義した秘密保持契約において、秘密である旨の表示がなかったとしても、諸般の状況から信義則上の守秘義務が認められる場合があることが想定される。

**東京地判平19.3.23裁判所HP**
　開発途中の製品の設計図は、<u>客観的にみて営業秘密であることは取引担当者間において明らかなものであるから、秘密保持義務について明示的な合意がなくとも</u>、取引担当者の間で、<u>信義則上、当然に守秘義務が生じるもの</u>と認められる。

38　第2章　秘密保持契約の条項ごとの留意点

# ❻ 経済産業省の参考条項との比較

> 　本契約における「秘密情報」とは、甲又は乙が相手方に開示し、かつ開示の際に秘密である旨を明示した技術上又は営業上の情報、本契約の存在及び内容その他一切の情報をいう。（以下省略）
>
> ☞ ひな形 3（165ページ）1 条本文

＊巻末に掲載した経済産業省による条項を以下「ひな形 3」という。

　上記は、経済産業省が公開している「業務提携の検討における秘密保持契約書の例」より引用した条項である。一般的に広く利用できる条項例になっているが、具体的な場面での利用の際には、カスタマイズが必要になることがある。この参考条項の特徴を、本節❶ないし❺で解説したひな形 1 と比較して検討する。

## （1）秘密情報の例示

　ひな形 3 では「技術上又は営業上の情報」の例示がされていない。前述したとおり、例示を加えた方が、秘密であることの認識可能性が高まり、NDA の実効性が上がるので、想定できる重要な情報の種類を掲げておく必要がある。

## （2）秘密情報の記載・記録媒体の取扱い

　秘密情報と記載・記録媒体が異なることは当然であり、ひな形 1 のように、「媒体を秘密情報とみなす」とするよりも、ひな形 3・1 条及び 2 条 1 項のように、内容としての情報と、その記載・記録媒体を分けて規定するのが理論的である。その場合は、媒体の取扱いを情報自体の取扱いと区別して別途規定する必要があるので、この点は注意が必要とな

2. 秘密情報の定義（2条1項）　39

る。条項の表現が複雑になることもあり、媒体自体を秘密情報の定義に入れてしまう契約書の方が目にすることが多い。

## （3）契約の存在・内容

ひな形3は秘密保持契約の存在、内容自体を秘密としているが、むしろ秘密とすべきなのは、秘密保持契約を必要とする関係、すなわち、取引や提携の交渉等の事実であろう。秘密保持契約自体を秘密とすると、「当社は、〇〇社とNDAを締結しているので、お答えはできません。」との対外的な対応ができなくなるおそれがある。また、契約終了時の「秘密の返還・廃棄」において、契約の存在が秘密であるとすれば、契約書そのものを廃棄することになりかねないので、「開示者から受領した秘密情報の返還・廃棄」のような限定を加える必要がある。

秘密保持契約の存在や条項についてまで秘密情報とするのは、その必要性に疑問が生じることもあるので、相互に原始的に取得する情報のうち、何を秘密とすべきかについて、「交渉の事実」「価格表の内容」「取引条件」など対象を明確にしておくべきである。

## （4）その他一切の情報

ひな形3の「その他一切の情報」とは何か、また、どこに掛かっているのか必ずしも明確ではない。「秘密である旨を明示した技術上又は営業上の情報」（その他一切の情報）なのか、「本契約の存在及び内容」（その他一切の情報）なのか、又はこれらとは並列して「その他一切の情報」なのかである。そこで、同ひな形3を次のように分解してみる。

> 本契約における「秘密情報」とは、
> （ i ）　甲又は乙が相手方に開示し、かつ開示の際に秘密である旨を明示した技術上又は営業上の情報、
> （ ii ）　本契約の存在及び内容
> （iii）　その他一切の情報をいう。

40　第2章　秘密保持契約の条項ごとの留意点

（＊段落分け、付番号は筆者）

　このように、（ⅰ）と（ⅱ）は、別の性質の情報となっている。（ⅰ）は開示者が保有する情報、（ⅱ）は双方が原始的に保有する情報である（（ⅰ）と（ⅱ）の間に、「並びに」を入れるとわかりやすい）。そして「その他」は、「その他の」とは用法が異なり、前者は並列的、後者は包含的（例示を伴う）とされている。したがって、「その他一切の情報」は、文法的には、（ⅰ）（ⅱ）と並列的に（ⅰ）（ⅱ）に含まれない一切の情報となりそうであるが、これではあまりに範囲が不明確である。（ⅱ）に掛かるとすれば、「本契約の存在及び内容」以外の本契約に係る一切の情報というのは想定しにくい。（ⅰ）に掛かるとすれば、開示者から開示され、かつ、秘密である旨が明示されているので、技術上、営業上のみならず、経営者の属性や資産のような情報も含まれると解釈できるので実用的である。

　実務的に、この表現で問題が生じるものとも考えにくいが、「その他一切の情報」には、秘密である旨の明示が要件か」と社内又は文案を提示した相手方から尋ねられても回答に困ることになり、記載方法に検討の余地はあるであろう。

　以上の観点を踏まえ、次に修正例を掲げる。

　修正するのであれば、「その他」ではなく「その他の」を使用した次の文案の方が素直であろう。こうすれば、「技術上」と「営業上」が例示であり、開示者が受領者に開示しその際に秘密である旨の明示がされている一切の情報が含まれることが容易に読み取れる。

修正例

　本契約における「秘密情報」とは、甲又は乙が相手方に開示し、かつ開示の際に秘密である旨を明示した技術上、営業上及びその他の一切の情報、並びに本契約の存在及び内容をいう。

2．秘密情報の定義（2条1項）　41

# 3 秘密情報の例外（2条2項）

## POINT

- ☑ 秘密情報該当性の適用除外は、当該適用除外事由を主張する当事者が証明責任を負うが、契約で証明責任を課するものではない。
- ☑ 秘密情報該当性の適用除外は、その全部又は一部について、受領者に「書面で証明」の責任を課すこともある。
- ☑ 「正当な権原を有する第三者」の「権原」は、正確な用法である。

---

**第2条　（秘密情報）**

2．前項にかかわらず、次の各号の一に該当することを受領者が証明できる情報は、本契約における秘密情報として取り扱わないものとする。

　(1)　開示の時、既に公知であった情報
　(2)　開示後、受領者の責めに帰すべき事由によらず、公知となった情報
　(3)　開示の時に既に受領者が保有していた情報
　(4)　開示する権利を有する第三者から秘密保持義務を負うことなく適法に入手した情報
　(5)　受領者が開示を受けた秘密情報によらずに独自に開発した情報
　(6)　開示者が秘密保持義務を課することなく第三者に開示した開示者の情報

☞ ひな形1（154〜155ページ）2条

# ❶ 適用除外条項の意義

　秘密情報の定義に該当したからといって、一定の例外が認められないと、受領者にとって情報の取扱いに不当に支障を来す場合が想定される。

　そこで秘密保持契約は、一般的には、ひな形1のように6種の適用除外を定めている。

# ❷ 適用除外条項のポイント

## （1）　2項柱書「証明できる」の意味

　訴訟になると、「証明責任」（「立証責任」「挙証責任」ともいう）を負う当事者は、その主張する事実を証拠により証明できないと、その事実は認められず、主張にかかる法律効果を否定する判決がなされる（このような証明の負担を「責任」と表現する）。

　裁判所は、両当事者の提出する証拠から自由に心証を形成することができるので（「自由心証主義」という）、当事者が契約で証明責任を合意しても拘束されない。このように「証明」の負担は、裁判所が判断するが、契約上の定めは、訴訟に至らない当事者間の交渉では有用であろう。ただし、考え方として、「例外」は、その例外を主張する当事者が証明責任を負うことになるのが通常であり、上記条項例においても、「証明」の定めの有無にかかわらず、例外を主張する受領者がその証明責任を負うことになろう。

　条項のバリエーションとして、「書面で証明できる情報」と、適用除外となる情報を「書面」により明確化する方式の合意をすることもある。このような方式の合意は、証明責任の合意ではなく、また、法律関係を明確にするという合理的理由に基づくものなので、有効と考えられる。先方に重要な情報を開示する場合で、その無断利用が想定できる場合に

3. 秘密情報の例外（2条2項）　43

は、入れておきたい文言である。

　最高裁は、賃貸借契約における転貸等を賃貸人の書面の承諾を要するとする約定について、承諾の有無についての法律関係を明確にし将来の紛争を避けるという合理的な目的をもってされた法律行為の方式の制限についての合意として一応有効とした（最判昭和41・7・1判時457・35）。この場合、方式に従わなければ、法律上の承諾という効果が生じない結果となる。

　最高裁の事例は、賃貸借契約における借主の一定の行為（転貸等）に対する貸主の「書面の承諾」の有効性であるが、「書面」を必要とすることが法律関係を明確にする合理的な目的を有するものであれば、同様に考えることができるであろう。

## （2）　1号・2号「公知」の意味

　この用語を使用した当事者の合理的な意思の解釈ということになるが、参考になるのは、法令上の用語法である。「公知」の用語を採用している法令は案外少ない。広く一般的に知られていることを意味することが多いようである。しかし、特許法に「文献公知発明」という用語があり、この場合の公知は、特許登録要件の新規性の判断に関するもので、社会一般に知られ得る状態（現実に知られていなくても）を意味している。

　また、不正競争防止法は「営業秘密」を「公然と知られていないもの」としており（不競法2Ⅵ）、その意味は「一般的には知られておらず、又は容易に知ることができない」ことをいうものとされている（経済産業省「営業秘密管理指針」2019年1月23日改訂17頁）。こうして考えると、本条項の「公知」の解釈は、必ずしも明確ではない。ただし、NDAであるので、「営業秘密」の場合に準じて解釈すればよいであろう。

　なお、1号・3号の「時」を「とき」と表記する例が見受けられるが、「時」はその時点をいい、「とき」は場合を意味するので（法令用語）、ここでは「開示の時」のように「時」の使用が正確である。

44　第2章　秘密保持契約の条項ごとの留意点

## （3） 2号「受領者の責めに帰すべき事由によらず」の意味

当該帰責事由により公知となった場合には、受領者に引き続き当該情報について契約の定めに従った責任を負わせる趣旨である。

## （4） 3号「開示の時に既に受領者が保有していた情報」の意味

表現は明確であるが、重要な情報であれば後に争いが生じないように、情報受領後速やかに、書面等証拠になる方式で、開示者に「受領者が既に保有していた情報」である旨、情報を特定して通知をしておくべきであろう。

## （5） 4号「開示する権利を有する」の意味

4号には、次のような条項例も見受けられる。

---

**第2条　（秘密情報）**
2．・・・（中略）
　（4）　正当な権原を有する第三者から秘密保持義務を負うことなく入
　　　手した情報

---

このように「権原」の語を用いることがあるが、しばしば「権限」との表記を目にする。両者は、似て非なる用語である。「権原」は、ある行為を正当とする法律上の原因のことをいう（例：占有権原）。ただし、当該権原が正当でない場合も法律上の原因を「権原」ということがあるところから（著113Ⅱ、不競法19Ⅰ⑥参照）、「正当な（権原）」を付しておくことになる。「正当な権原」は「開示する権利を有する第三者」と置き換えてもよい。他方「権限」は、機関の行為が組織の行為として効果が生じる範囲などをいう（部長の権限等）。したがって「権限」の用語は、ここではふさわしくないが、合意の内容は明確なので実務的には許容範囲であろう。

しかしながら、「権原」の用語は、一般社会では馴染みが薄く、「権限」の誤りとの誤解をしばしば受ける。そこで、ひな形1では、「開示する権利を有する」と誤解の生じない表記とした。

次に「秘密保持義務を負うことなく」は必要か。同一の情報が第三者から開示されたとしても、当該第三者との関係で情報が秘密とされているのに、別の契約における開示者の秘密情報が秘密でなくなるという効果が生じるのは不合理である。したがって、同号にこの文言は必要である。

「権原」の用語を使用しない次のような条項例もあるが、意味は、ひな形1と同じである。

> 開示を受けた後、秘密保持義務を負うことなく第三者から正当に入手した情報
>
> ☞ ひな形3（165ページ）1条但書

## （6）5号「独自に開発した情報」の意味

5号は、会社組織の場合、別の部署で独自に創出した情報が、たまたま開示者の秘密情報と類似している場合が想定される。そのような場合は、受領者の立場からは、自社の情報資産として保護しなければならないが、開示者の立場からは、真に受領者が独自に創出したのかどうか疑念が生じる。そこで、柱書の「受領者が証明できる」という要件が重要となる。秘密保持契約によっては、「受領者が（書面で）証明できる」という要件を、5号の例外規定にのみ設ける例も目にする。

「開発」を「取得、創出」といいかえた条項例もある。「（情報を）開発」というのは、英文NDAで使用される「develop」の直訳調であるので、日本語表現としては、「取得、創出」のような表現の方が自然である。ただし、ひな形1では、従来から通常使用されている「開発」の用語を使用した。なお、「取得、創出」の「取得」は、他の適用除外事

46　第2章　秘密保持契約の条項ごとの留意点

由1号・2号及び4号と重なるものと考えられ、また、原始取得の場合は「創出」と同義になるので、あえて加えなくともよい。

> 開示を受けた後、相手方から開示を受けた情報に関係なく独自に取得し、又は創出した情報
>
> ☞ ひな形3（165ページ）1条但書3号

> 開示を受けた後に相手方から開示を受けた情報に関係なく独自に創出したことを、書面で合理的に証明できる情報

## （7） 6号「秘密保持義務を課することなく第三者に開示した開示者の情報」の意味

開示者が第三者に対し、秘密保持義務を課さないで情報を開示した場合には、受領者のみに秘密保持義務を課しておくのは不合理であり、また、このような第三者に対する開示は、受領者に対する関係でも秘密性を解除する意思を黙示的に表示したものと解するのが合理的である。解釈上の疑義を避けるための合理的な適用除外規定である。

## （8） 適用除外条項を厳格に運用したい場合

受領した開示者の情報が、秘密情報の適用除外となる場合は、後日のトラブルを防ぐために、速やかに開示者に伝えることが必要になる場合もある。

次は、そのような場合を想定した条項例である。ただし、管理が煩雑になりかねないので、重要性が高い情報の授受が想定される場合に限定すべきであろう。

2．前項にかかわらず、次の各号の一に該当することを受領者が証明できる情報は、本契約における秘密情報として取り扱わないものとする。受領者は、上記情報であることを知ったときは、速やかに書面で開示者に通知する。

# 4 秘密の管理（3条）

## POINT

- ☑ 秘密情報の管理方法は、「目的外使用」及び「第三者開示」の禁止を担保するための制度設計となる。
- ☑ 開示・受領の際、保管・使用の際、契約終了の際に秘密保持契約の目的を達成できるかを検証する。
- ☑ 受領者の組織内部で開示者の情報にアクセスできる人を最小限にする（need-to-know ベース）。
- ☑ 開示者が特に指定する秘密情報は、開示者の指示する管理方法が適用されるようにしておく。
- ☑ 法令に基づく開示は、強制力のある場合に限り、かつ、必要最小限とする。
- ☑ 秘密情報の管理には、取扱責任者を指定する方法もある。

---

第 3 条　（秘密保持）

1. 受領者は、秘密情報を厳重に秘密として保持し、書面による開示者の承諾を事前に得ることなく、秘密情報を本目的以外に一切使用してはならないものとし、また、秘密情報をいかなる第三者に対しても開示しない。
2. 受領者は、善良な管理者の注意をもって秘密情報を管理する。
3. 受領者は、秘密情報を、当該秘密情報を知る必要のある最小限の自己の役員、従業員（派遣従業員を含む。）、関係会社（会社計算規則の定義による。）におけるこれらと同様の者、弁護士、公認会計士又は

コンサルタントのみに開示するものとし、当該受領者に対して本契約と同等の義務を負わせるものとする。

4．受領者は、秘密情報につき、漏出、紛失、盗難、押収等の事故が発生した場合又は発生のおそれがあることを認識した場合は、直ちにその旨を開示者に連絡し、開示者の指示に従い適切な対応をするものとする。

5．受領者は、本目的のために合理的に必要な最小限度の範囲で行う場合を除き、開示者の事前の書面による承諾を得ることなく、秘密情報を複製しない。また、受領者は、秘密情報を複製した場合、当該複製につき、開示者の秘密情報である旨の表示を付し、原本と同等の保管・管理をする。

6．受領者は、開示者が特に指定する秘密情報については、開示者の指示に応じて、複製の制限・管理、保管方法、接触可能人員等の規制手段を講じなければならない。

7．受領者は、国、地方公共団体、裁判所その他これらに準ずる機関から法令上の根拠に基づき秘密情報の開示を求められたときは、直ちに開示者と協議を行い、法令上強制される必要最小限の範囲、方法により当該機関に対し開示を行う。

☞ ひな形1（155ページ）3条

# ❶ 「管理」の要点

## （1）開示・受領、保管・使用及び事故時の対応

秘密の管理は、「目的外使用」及び「第三者開示」の禁止を担保するための制度設計となる。開示・受領の際、保管・使用の際、契約終了の際、契約終了後及び監査、事故時の対応などに、管理の実効性が問われる。本条は、そのうち開示・受領、保管・使用及び事故時の対応を規定

50　第2章　秘密保持契約の条項ごとの留意点

する。❷以下で、分説する。

## （2）秘密情報の定義に記録媒体を含まない場合の条項例

　秘密情報と記録媒体を分けた場合（秘密情報の定義に複製及び媒体を含まない場合）は、管理に関する条項において、記録媒体の取扱いを定めておく必要がある。次は、その場合の条項例である。

> 　甲又は乙は、相手方から開示を受けた秘密情報及び秘密情報を含む記録媒体若しくは物件（複写物及び複製物を含む。以下「秘密情報等」という。）の取扱いについて、次の各号に定める事項を遵守するものとする。
> ☞ ひな形3（165ページ）2条1項

　この「秘密情報を含む記録媒体若しくは物件」（「秘密情報を含む」は、「記録媒体」と「物件」の両方に掛かる）の「物件」は、形状そのものが秘密であるような意匠や秘密情報としての形状を表現する物体（設計図に基づき製作した模型など。これも「複製」である。著2Ⅰ⑮ロ参照）等が含まれるものと考えられる。

## （3）開示される秘密情報を制限する修正例

　相互に開示される秘密情報の内容を必要最小限にするために、次のような条項を設けることがある。

> 　開示者は受領者に対し、本契約の目的に必要のない情報を、秘密情報に含めないようにして開示するよう努力する。
> ☞ ひな形2（159ページ）2条3項

　何もかも「秘密」として開示されても情報等の取扱いに困るのであり、極力不要な情報を入り口で排除することも有用である。「努力」としたのは、必要性の判断が明確でないことから、義務として定めることは、

4. 秘密の管理（3条）　51

開示者に過度な負担を与えるおそれがあり、また、当該条項に関し義務違反による法的効果が生じるのは好ましいことではないことによる。

## ❷ 注意義務のレベルに応じた修正例

1項では、「目的外使用の禁止」と「第三者開示の禁止」というNDAの目的を明示し、2項では、「善良な管理者の注意」（以下「善管注意義務」という）という注意義務の基準を示している。注意義務の基準には、レベルが低くなるものとして、「自己の財産に対するのと同一の注意」（無報酬の受寄者の注意義務。新民659）がある。他方、善管注意義務は、「契約その他の債権の発生原因及び取引上の社会通念に照らして定まる」ものとされるので（新民400）、開示者から秘密情報の開示を受けて厳重な管理を行うというNDAの趣旨に照らすと、注意義務のレベルとしては、相当程度高くなるものといえる。

受領者の情報管理のレベルには、次のような条項例もしばしば目にする。

> 受領者は、受領者における自己の秘密情報を管理する場合と同等以上の注意をもって、開示者の秘密情報を管理する。ただし、上記注意の程度は、善良な管理者の注意の程度を下回ってはならない。

近時多くの企業が、情報管理に関する規定類を制定しており、その場合、同規定類に従うことが、注意のレベルを保つことになり、注意義務の内容が体系化、明確化される。しかし、「自己の財産に対するのと同一の注意」で自己の秘密情報を取り扱っている企業もあり得るので、但書を置くことになる。もっとも、ひな形1のように単に善管注意義務を定める場合でも、受領者が自社で情報管理規定を有している場合には、他社から受領した情報でも秘密である以上は、当然情報管理規定に従うことが求められるので、実質的な差異は見受けられない。

## ❸ 受領者の開示対象者

　３項では、受領者の秘密開示対象者について定める。受領者が組織である以上、現実に情報を受領する者は、従業者（役職員）が主であるが、その他状況に応じて、関係会社の従業者及び情報の分析等に必要な外部協力者である専門家が加わる。その場合、契約当事者でなければ、契約上の守秘義務を負わないので、NDA と同等の義務を負わせることを、受領者の責任としておく。なお、弁護士や公認会計士のように法律上厳格な守秘義務が規定されている場合には、「同等の義務」は、法律の定めで足りる（あらためて秘密保持契約を締結するまでもない）。

　「知る必要のある最小限の」（「need-to-know」といわれることがある）の文言は、秘密情報の拡散を防止するために、管理上必要な定めである。特に開示対象者が関係会社やコンサルタントのように広がりが想定できる場合には、その歯止めとなる。

　また、「上記により秘密情報の開示を受けた者が本契約に抵触する行為をした場合には、その者の故意過失を問わず、受領者が責任を負う。」旨の文言を加えることがある。このような文言がなくとも、これらの者は、受領者の履行補助者と同等の立場なので、これらの者の行為は、受領者自身の責めに帰することができる事由を構成することになる。

## ❹ 秘密の管理に関する事故時の対応

　３条４項の事故時の対応は、（→本章５節）で詳述する。

## ❺ 複製等に関する定め

　５項で定める複製は、情報の拡散をもたらすので、契約目的達成のために必要な最小限度の範囲でしか行えないようにするのが基本である。

4. 秘密の管理（3条）　53

すべての複製を開示者の許可制にするのは、一般的には現実的でない（必要に応じて、複製不可を原則とする場合又は一定の複製のみを可能とする場合もあり得る）。

また、複製といえども内容が秘密情報なので、管理上、原本と同等の取扱いになるようにしておく。

## ❻ 管理方法の指定

重要性の高い秘密情報は、管理方法を指示できるようにしておく。その場合、次のような具体的管理方法が考えられる。

① 情報の区分と表示（極秘、複製禁止等）。複製にもすべて表示する

② 施設管理（管理責任者、保管場所の定め等）と媒体の保管方法（持出制限、廃棄方法等）

③ アクセス制限（アクセス可能な人員と当該人員の名簿の作成、パスワードの設定等物理的アクセス制限措置、アクセス記録の作成等）

④ 開示者の秘密情報が受領者の秘密情報と混在しないように、分離保管・管理

⑤ 管理状況の調査（質問と回答、調査の実施等）

⑥ 第三者による生産過程等の見学の禁止等

## ❼ 公的機関から開示を求められたときの取扱い

### （1）「第三者開示の例外」と位置づけた条項を置く

警察署や裁判所などから、相手方（開示者）から開示を受けた秘密情報の開示を求められることがある。7項では、このような場合について規定する。例えば、強制捜査の場合は、事件に関連する多くの資料が押

54　第2章　秘密保持契約の条項ごとの留意点

収される。受領者にこのような事態が生じたときには、押収された資料の中に、開示者の秘密情報が存在する可能性も決して否定できない。このような秘密情報について、秘密情報の例外とする条項例（秘密保持義務の適用除外として、「官公庁から開示を求められた情報」と規定する例）と、ひな形1のように、対応方法について受領者に一定の義務を課する独立した条項例がある。どちらが適切であろうか。

受領者が法令や司法・行政の命令により開示を受けた秘密情報の提供を要求された場合、法律に従う限り開示することはやむを得ない。しかし、これによって当該情報が秘密情報でなくなるわけではない。法律に従い例外的に公的機関に開示が許され利用されることになるに過ぎない。また、秘密情報の例外とする規定は、開示をした情報（媒体）を当該官公庁から返還を受けた場合（差押えを受けた媒体の返還等）に、どうなるのか明確ではない（秘密情報でなくなった情報が、再度秘密情報になるのか）。

したがって、「秘密情報の例外」と位置付けるべきではなく、「第三者開示の例外」とする条項を設けることが適切である。

このような事態が生じたときは、開示者としては直ちにその旨を把握し対処できるよう受領者からの通知を求めるべきであり、また、開示についても、開示者との協議と法令上強制される最小限度の範囲の開示とする旨を定めるべきである。

## （2）7項の適用が想定されるケース

どのような場合に、このような条項の適用が想定されるのであろうか。法令に基づく照会等の例は以下のとおりである。

① 法令上回答等が強制されるもの、又は応じなければ罰則の適用があるもの
　　・検察・警察（検察官等）の令状による捜索、差押え、検証（刑訴218）

4. 秘密の管理（3条）　55

・徴税職員による質問、検査、捜索等（国税徴収法141、142）
・証券取引等監視委員会（委員会職員）の許可状による臨検、捜索、差押え（金商法211）
・裁判所の文書提出命令（民訴223、225）

② **法的強制力がないもの**
・検察・警察による照会等（刑訴197Ⅱ）
・弁護士会の照会（弁護士法23の2）
・裁判所の調査嘱託、文書送付嘱託（民訴186、226）

　こうしてみると、法律上強制力のない手続きに基づく開示請求（協力要請）を受けたに過ぎない場合は、開示者の秘密情報を提供すべきではないとすることも検討の余地がある。そして、「法律上強制される」と規定する場合には、②の場合を対象外にすることができ、このような定めは、受領者の行為基準が明確になり、また、秘密情報の保護に資することになる。

　官公庁から開示を求められた場合に、受領者の開示者に対する通知、開示の範囲や異議申立てに関する協議等、どれだけ真剣に開示者の秘密情報を守るかというそのレベルが問われるところである。

　ただし、このような事態が生じることはあまり想定されず、情報の性質として、秘密性が高くない場合には、あまり気にしなくてもよい条項ではある。

## （3）シンプルな条項例に潜むリスク

　ここまで見てきた条項例に比べ、次のような簡易な条項例もあるが、どのようなリスクがあるだろうか。

> 甲又は乙は、法令に基づき秘密情報等の開示が義務づけられた場合には、事前に相手方に通知し、開示につき可能な限り相手方の指示に従うものとする。

☞ ひな形 3（166ページ）2 条 3 項

あまり想定できない事態なので、この程度でも差し支えないケースがほとんどであろう。ただ、条項として存在する以上は、万全を期したいということであれば、上述したところに従い、次のポイントに留意して、実際の場合を想定して明確化を図るべきである。

① 「開示が義務づけられた」は、強制されない一般的義務を含むのか

文言解釈からすれば、一般的義務を含むことになる（排除する理由がない）。

② 「事前に」は、捜索差押えのように事前の通知なく開示を求められる場合には対応できない

これは、やむを得ない事態であり、その場合は、遅滞なく相手方に通知する義務が生じる（合理的な意思解釈）。ひな形 1 では、「法令上の根拠に基づき秘密情報の開示を求められたときは、直ちに開示者と協議を行い」としており、「事前」としていないので、対応しやすくなっている。

③ 「可能な限り」とは、何を基準にすればよいのか

これは、実務的には、難しい判断となる。ひな形 1 のように「法令上強制される必要最小限の範囲、方法」のように明確にしておくと対応しやすい。

## ❽ その他条件を追加する場合

### （1）取扱責任者を定める場合の修正例

秘密情報の取扱いをする責任者を定めて、相互に届け出ることを定める場合もある。責任の所在が明確になるが、その反面、負担も大きくなる可能性がある。次のような条項例があるが、受領者による情報の取扱いに神経をとがらせる必要があるような重要な情報を開示する場合など

4. 秘密の管理（3 条） 57

でなければ、特には不要であろう。

---

　秘密情報の管理について、取扱責任者を定め、書面をもって取扱責任者の氏名及び連絡先を相手方に通知する。

☞ ひな形3（166ページ）2条1項5号

---

　また、管理（取扱）責任者に秘密の具体的な管理を求める次のような条項例もある。開示される情報が、かなり厳格に秘密保持を求められる場合である。

---

**第○条　（取扱責任者）**
　受領者は、取扱責任者をして、受領した秘密情報に対するアクセスについて、秘密情報の内容、アクセスした者、日時、目的・必要性、アクセスの態様、複製作成の有無、秘密情報の返還・廃棄の方法等を記録させ、開示者の求めに応じて、その記録を提供する。

☞ ひな形2（160ページ）5条2項

---

## （2）守秘義務の周知のための修正例

　秘密情報に接する者に対し、守秘義務について教育し周知させることが、秘密情報の管理のためには重要である。このような情報教育が受領者において行われないことを想定して次のような条項を置くことがある。

---

**第○条　（周知）**
　受領者は、秘密情報に接するすべての者に対し、秘密保持の重要性、管理の責任・方法、本秘密保持契約における受領者の義務その他秘密情報の保護に関する必要な教育を行い、秘密保持義務の内容、遵守方法等について周知する。

☞ ひな形2（161ページ）6条

## 5 事故時の対応（3条4項）

### POINT

- ☑ 情報漏洩等の事故時の対応を想定しておくことは必須である。
- ☑ 事故時には、開示者の指示等事故の対応にコントロールが及ぶようにしておきたい。
- ☑ 事故から生じる損害の賠償を定めることもある。

---

第3条　（秘密保持）

4．受領者は、秘密情報につき、漏出、紛失、盗難、押収等の事故が発生した場合又は発生のおそれがあることを認識した場合は、直ちにその旨を開示者に連絡し、開示者の指示に従い適切な対応をするものとする。

☞ ひな形1（155ページ）3条4項
　 ひな形2（161ページ）8条1項参照

---

### ❶ 事故時の対応を想定した条項

　情報漏洩等の事故が起きた場合の対応についての規定である。秘密情報の管理において予防が重要であることはいうまでもないが、事故の発生を想定して、事故時の対応を定めておくこともまた重要であることは言をまたない。

　退職従業員が退職の際、密かに開示者の秘密情報のデータを持ち出し

たという事例を想定してみると、次のようなプロセスをたどる。

（ⅰ）　受領者において、ログの記録から事態が発覚
（ⅱ）　不正に持ち出されたデータが特定され、その中に開示者の秘密
　　　情報が含まれていたことが判明
（ⅲ）　直ちに、当該退職者に連絡を取り、データを回収
（ⅳ）　回収したデータがすべてかを確認し、また、複製、第三者開示
　　　等していないことにつき当該退職者から誓約書を取る
（ⅴ）　再発防止策を策定、実施

　まずは、（ⅱ）の段階で、開示者の秘密情報が漏洩したことが判明
（漏洩した情報の中に開示者の秘密情報が含まれている可能性がある場
合でも「発生のおそれがある」に該当する）したので、受領者は、（ⅲ）
の措置とともに、直ちに開示者に対する連絡をしなければならない。
　ひな形１では、「直ちに」の用語を使用した。「直ちに」は、即時の意
味であり、「速やか」よりもスピードが求められる。また、「直ちに」は、
即時対応しない場合は、履行遅滞の法的効果を生じるが、「速やか」は、
期間が不明確なので、ここは、「直ちに」を使用したい。ちなみに、「遅
滞なく」という法令用語があるが、正当な理由がない場合には直ちにと
いう意味であり、正当な理由があり漏洩した秘密情報の確認に時間がか
かった場合には、その確認後直ちに通知をすれば足りることになる。そ
うすると、開示者による漏洩の把握が遅れるので、ここでは使用すべき
ではない。
　「書面（の通知）」とする条項例もあるが、ここで「書面」としていな
いのは、電話でもメールでも即時の対応が求められることによる。「開
示者の指示に従い適切な対応」には、書面報告も含まれるので、事後報
告を求めたいときはこちらで足りる。
　開示者は、「指示」をすることになるが、受領者としては、善良な管
理者の注意義務の表れとして、その指示を待つことなく、秘密保持契約

における秘密情報の保護を図るために管理上必要な措置として、秘密情報の回収、回収したことの証明（当該退職者からその旨の誓約書の取得を含む）等を行う必要がある。しかし、受領者がこのような対応をしないときは、開示者が受領者に対し、具体的な指示を行わざるを得ず、その場合、契約条項に根拠があることが望ましい。

また、（ⅴ）は、事後の措置であるが、「開示者の指示に従い適切な対応」というのは、事後措置についても当然に含まれる。

なお、（ⅲ）のデータの回収であるが、想定できる実務としては、データが格納されたコンピューターや USB などを本人から提出させて会社で処理することになろう。その際、本人からは、コンピューター等を無償で譲渡させるか、コンピューター等の内部のすべてのデータが消去されること、不具合が生じる可能性があること等に異議を述べない旨の誓約書を差し入れさせることになる。

## ❷ 第三者からの損害賠償等の請求に備えた修正例

漏えい、紛失、盗難、盗用等の事態が発生し、又はそのおそれがあることを知った場合は、直ちにその旨を相手方に書面をもって通知する。

☞ ひな形3（166ページ）2条1項4号

参考として挙げた経済産業省の条項例は、直ちに通知をすることにはなっているが、開示者の指示について定められていない。ここは、開示者が事態をコントロールできるような手段を盛り込んでおく必要がある。また、事故後の措置についても、開示者としては、適切な再発防止策等の実施など受領者に求めるべき事項がある。

秘密情報が個人情報である場合など、漏洩によって、第三者から開示者に対し損害賠償等の請求がされることがある。そのような事態が想定される場合には、次のような条項を加える。

受領者は、秘密情報につき、漏出、紛失、盗難、押収等の事故が発生し、これに対処するための費用が生じ、又はこれによって第三者から損害の請求等がなされたときは、これらから生じた一切の費用、損害（上記事故に対応するために合理的に必要な調査、鑑定、弁護士等の専門家の費用を含む。）を負担するものとし、開示者が支出をしたときは、これを補償する。

☞ ひな形2（161ページ）8条3項参照

　弁護士費用を加える理由であるが、訴訟で弁護士費用を請求できるかは、「弁護士に委任しなければ十分な訴訟活動をすることが困難な類型に属する請求権」であるか否かが基準とされることによる（最判平成24・2・24裁判所HP）。「困難な類型」に該当するか否かは、契約に基づく請求であっても、不法行為の請求原因が成り立つような請求とされる（不法行為に基づく損害賠償請求においては、相当額の弁護士費用を請求できる）。したがって、情報漏洩事故であれば、不法行為の請求原因も成り立ちうるので、「弁護士費用」の記載はあえて不要とも考えられるが、事故の態様も様々であって、秘密保持契約に基づく請求が「困難な類型」からはずれる可能性もあるので（また、争点の一つとなるのも避けたい）、弁護士の対応が想定される場合は、請求可能な損害の範囲に弁護士費用を入れておきたい。

# 6　秘密情報の返還（4条）

## POINT

- ☑ 秘密保持契約終了時及び必要なときには、受領者に開示した秘密情報の返還・廃棄がされるよう徹底する。
- ☑ 電子データは、開示の時から、ファイル名称、作成日時及び作成者によって秘密情報の特定ができるようにしておく。
- ☑ 秘密情報の適切な返還・廃棄が実行されれば、受領者に残るのは、アクセスした人の記憶だけである。
- ☑ 返還・廃棄の際は、その旨の書面を取得して管理を完結する。

---

第4条　（秘密情報の返還）
　受領者は、本目的が終了した時若しくは本契約が終了した時又は開示者が求めたときはいつでも、開示者から受領した秘密情報を直ちに返還又は開示者の許諾を得て廃棄するものとし、また、開示者が求めた場合にはいつでもこれらを返還又は廃棄した旨の確約書を相手方に交付する。

☞ ひな形1（156ページ）4条

---

## ❶　秘密情報の返還・廃棄

　契約終了時に秘密情報の返還・廃棄を万全にすれば、情報は当該情報にアクセスした人間の記憶にしか残らない。
　このようにして、秘密情報は、「人間の記憶」にしか存在しないよう

にしておく必要がある。秘密保持義務の存続期間も本来「記憶にしか残っていない」ことが前提である。

「確約書」は管理上徴求すべきだが、取得しても安心できるわけではない。

この条項は、「開示者から受領した（秘密情報）」の句を外すと、「本契約の存在」を秘密情報としたときに対応できない。秘密情報として、契約書を廃棄することになってしまうからである（解釈上必ずしもそうなるわけではないが、明確性を欠く）。契約書を廃棄するわけにはいかないので、「本契約の存在」を秘密情報とするのであれば、廃棄の対象となる秘密情報を「開示者から受領した」ものに限定し、合意による双方の原始的秘密を除外する趣旨を明確にしておくことになる（後記ひな形3・3条参照）。

また、開示者の秘密情報を取り扱った検討会議や取締役会の議事録は返還・廃棄するわけにはいかない。このように法令又は文書管理規定で一定の期間保存が必要な文書については、開示者の秘密情報となるような情報を記載すべきではない。

ところで、秘密保持義務の継続期間と同様に、本条項の存続期間を考える必要はあるか。本条項は、契約終了等の所定の事由が生じたときに、所定の履行義務が生じるのであって、履行が完了しなければその義務は消滅しない。したがって、存続期間を定める意味は特段ない。

ちなみに、「廃棄」の用語であるが、「破棄」を使用する例もよく目にする。いずれでも、当事者の意思とすれば、ここでは、電子データ及び記録媒体等を機械的に又は物理的に消去・破壊・滅失させることを意味しているので差し支えない。ただ、「破棄」は、法律では、文書に使用することが多いので（ただし、「遺贈の目的物を破棄」のような使用例もある。民1024）、ここでは「廃棄」を使用した。

## ❷ 秘密情報の特定

　不正競争防止法における営業秘密の使用等差止請求において、訴訟における営業秘密の特定方法について述べた裁判例がある。原告である会社が、元従業員を被告として、会社の営業秘密を不正に取得し、使用しているとして、不正競争防止法に基づき、差止・廃棄及び損害賠償を求めた事案である（一部認容）。

---

**大阪高判H30.5.11TKCローライブラリー　大明化学工業事件**

（請求の趣旨の特定）

　本件電子データは、営業秘密目録1・・・記載のとおり、ファイル名称、作成日時及び作成者が記載されているところ、それらの記載からすると、同一のファイル名称、作成日時及び作成者に係る電子データで、しかも、その内容が異なるものが別に存在することを窺わせる証拠等は存しない。

　また、上記のとおり、本件電子データは作成日時によっても特定されているため、その時点での情報を営業秘密として特定しているということができる。

　したがって、請求の趣旨の特定については、上記記載で十分であると認められる。

---

　秘密保持契約においても、後日の返還請求に備え、あらかじめ開示情報を特定しておく方法（名称、作成日時、作成者による特定）として、上記裁判所の考え方は有益である。

　また、上記判決は、控訴人の「攻撃防御の対象の特定」が不十分である旨の主張に対し、次のように判示している。

### （攻撃防御の対象の特定）

本件電子データの内容は、被控訴人（注：会社・原審原告）において、・・・別紙2記載内容により、各電子データについての内容が主張されている。その主張内容は、各電子データの内容が概略的に記載されたものである。

ところで、・・・控訴人（注：元従業員・原審被告）は、被控訴人に入社後、・・・被控訴人の開発課に所属し、アルミナ長繊維の技術開発に携わっていた者であり、本件電子データが保存されていた（会社の）ドライブへのアクセス権を付与された6名のうちの1名であった。そして、・・・控訴人の主張どおり、本件電子データを引継ぎのために整理したというのであれば、その作業の前提として、本件電子データの内容を確認して吟味しているのは当然である。

これに加えて、・・・開示又は使用の差止めを求める対象や廃棄を求める対象については、・・・ファイル名称、作成日時及び作成者によって特定されている上、・・・その概略的内容が説明されているため、控訴人としては、本件電子データのうち、どの情報につき、どのような観点から、営業秘密の要件の充足を争うべきかを選択することが可能といえる。

上記の事情を踏まえると、・・・別紙2記載の本件電子データの各内容により、控訴人において攻撃防御が十分可能な程度に特定されていると認められる。

攻撃防御方法というのは、民事訴訟において、原告であれば請求の認容、被告であれば請求の棄却等を求めるために裁判所に提出する陳述、証拠の申出等のことをいう。そして、何を争えばよいのか不明確であるというのが、上記控訴人の主張であるところ、裁判所は、請求の趣旨の特定性に加えて、データ内容の概略が主張されていること及び控訴人自身がデータ内容を知っているところから何を争えばよいのかについて不明確ではないとして、控訴人の主張を退けた。

ちなみに、上記裁判例の主文（原審の大阪地判平成29年10月19日、控訴棄却）は、次のとおりである（一部省略）。

---

**大阪地判平 29.10.19TKCローライブラリー**

1　被告は、・・・別紙１営業秘密目録の目録番号１ないし８・・・記載の営業秘密を、アルミナ繊維を用いた製品の製造販売に使用し、又はこれを開示してはならない。
2　被告は、前項記載の営業秘密に係る電子データ及びその複製物を廃棄せよ。

---

なお、上記判決は、不正競争防止法３条２項により、電子データやその複製にも「廃棄」の用語を使用している。

## ❸　経済産業省の条項例についての検討

1．本契約に基づき相手方から開示を受けた秘密情報を含む記録媒体、物件及びその複製物（以下「記録媒体等」という。）は、不要となった場合又は相手方の請求がある場合には、直ちに相手方に返還するものとする。
2．前項に定める場合において、秘密情報が自己の記録媒体等に含まれているときは、当該秘密情報を消去するとともに、消去した旨（自己の記録媒体等に秘密情報が含まれていないときは、その旨）を相手方に書面にて報告するものとする。

☞ ひな形３（166ページ）３条

この条項例は、秘密保持契約において秘密情報と記録媒体等を分けて規定したため、返還についても複雑な書きぶりとなっている。また、「返還」の場合には、書面報告を要するものとしていないが、開示者側

6.　秘密情報の返還（４条）　67

でも開示情報の記載・記録媒体を完全に把握しているとは限らないので（現場での対応を把握しきれていないなど）、受領者側から、秘密情報を記載・記録した記録媒体等の返還についても「・・・以上、貴社から受領した、秘密情報を記載・記録したすべての記録媒体を、正に返還しました。」旨の書面報告を徴求できるようにしておくべきであろう。

「相手方から開示を受けた（秘密情報)」というのは、当事者の合意による共通の秘密情報を対象としない趣旨と考えられる。

## ❹ ひな形１における構文の解説

前記ひな形１の中の「・・・本目的が終了した時若しくは本契約が終了した時又は開示者が求めたときはいつでも・・・」の「又は」と「若しくは」の構文を説明しておく。「又は」と「若しくは」は、選択的に語句を結びつける接続詞である。「若しくは」は、「又は」による接続がある場合に、より小さな段階の接続をするときに使用する。図説すると次のようになる。

本目的が終了した時
若しくは本契約が終了した時
又は開示者が求めたときはいつでも

また、「終了した時」の「時」は時点を指し、「求めたとき」の「とき」は、場合を意味する（法令用語)。したがって、「・・・本目的が終了した時若しくは本契約が終了した時又は開示者が求めたときはいつでも・・・」は、本目的が終了した時点及び本契約が終了した時点で自動的に受領者は受領した秘密情報を開示者に返還等する義務が生じ、また、いつでも開示者が求めた場合には受領者は受領した秘密情報を開示者に返還等する義務が生じる（求めた「時」に履行請求が行われたことになるので、その後履行遅滞に陥る）ということになる。

# 7 義務の不存在（5条）

## POINT

- ☑ 秘密情報の開示に関し、当事者の義務の不存在を規定することがある。
- ☑ あえて開示義務の不存在を規定することがあるが、当事者の合理的な意思からは、規定をしなくとも同じ効果が生じるといえる。
- ☑ 秘密情報についての権利の非許諾は、契約終了後に、開示者の知的財産を受領者が利用しないようにするためにも有意義である。
- ☑ 正式な取引を約束しないことは、相手方に期待を抱かせることを防ぎ、契約の準備段階における不法行為の主張が生じないようにする効果がある。

---

第5条　（義務の不存在）
1．甲及び乙は、本契約に基づき相手方に対し何らの秘密情報の開示義務を負わない。
2．本契約に明示的に規定されているほかは、甲及び乙は、秘密情報について何らの権利（特許権、著作権、ノウハウその他の知的財産権に関する権利を含む。）も相手方に許諾しない。
3．甲及び乙は、本契約の締結及び本契約に基づく相手方に対する秘密情報の開示により、甲乙間で何らかの取引を開始することを約束するものではない。

☞ ひな形1（156ページ）5条

# ❶ 開示義務の不存在の合意

　秘密保持契約の締結には、提携を目指した相互の事業の検討等一定の目的がある。その目的を達成できるように、必要な情報を相手方に開示する義務がないのか疑問が生じる。

　そこで、この秘密保持契約は、あくまでも任意の秘密開示を限度として、その開示義務までは負担しないと明言する条項である。ただし、このような条項がなくとも、秘密保持契約の性質上、正式な契約等の準備段階のものであり、開示義務までは負担しないというのが、当事者の合理的な意思である。

# ❷ ライセンス許諾の不存在の合意

　秘密保持契約に基づき技術的情報を開示する場合がある。その場合、契約で目的外使用の禁止を定めている以上、一般的に当該技術的情報をライセンス（実施の許諾）したものでないことは、当然のことである。開示する技術的情報が重要なので、念のために規定しておくというのも一つの理由である。

　しかし、もう一つ理由が考えられる。契約上の守秘義務期間が終了した場合は、相手方に提供した技術情報はどうなるのであろうか。その取扱いに疑義が生じないように、「契約期間中にライセンスはしていない、したがって契約期間が終了してもライセンスしたことにはならない。」という理解を一貫させるために、規定を設ける意味がある。当該条項を規定するか否かを決める際には、このような観点があることを念頭に置くとよい。

　ちなみに、「知的財産権」の用語であるが、知的財産基本法2条2項は「この法律で「知的財産権」とは、特許権、実用新案権、育成者権、意匠権、著作権、商標権その他の知的財産に関して法令により定められ

70　第2章　秘密保持契約の条項ごとの留意点

た権利又は法律上保護される利益に係る権利をいう。」としており、契約書で特段の定義を置かない場合には、法律の定義によると考えるのが合理的である。

## ❸ 取引開始義務の不存在の合意

　秘密保持契約の締結によって、不自然に取引の期待が生じるおそれのある場合には、このような条項を設けることも検討の必要がある。

　信義誠実の原則により、契約の準備段階において、契約の成立が確実と相手方に期待させる事情があるときは、正当な理由なく契約の締結を拒絶した当事者に信頼利益（原則として被った実費相当額）の賠償義務が生じる（契約の準備段階の過失）。このような主張を避けるために、「取引開始を約束しない」旨を明記した条項を設ける意味がある。

# 8　秘密期間（6条）

### POINT

- ☑ 秘密保持契約が終了したら、契約期間中に開示した秘密情報はどうなるのか必ずしも明確ではない。
- ☑ 秘密保持契約終了時には、開示した秘密情報は、受領者において当該情報にアクセスした者の頭の中にだけしか残存しないようにするのが原則。
- ☑ 秘密保持期間は、秘密の陳腐化・管理面の不都合等が生じるなど、あまり長すぎると不合理になることがある。
- ☑ 秘密保持期間が終了しても、開示者が財産的情報を留保していることを明確にする。
- ☑ 秘密保持契約の効果は、合意により遡及させることができる。
- ☑ 秘密保持契約は、更新の定めを置くこともある。

---

**第6条　（秘密期間）**

1．本契約の期間は＿＿＿年＿＿＿月＿＿＿日から2年間とする。
2．秘密情報は、本契約の終了時からさらに5年間本契約により秘密として保護されるものとする。ただし、この期間を超える場合であっても、当該秘密情報は、開示者の財産として留まるものとし、また、不正競争防止法その他の法律により保護されることを妨げない。

☞ ひな形1（156ページ）6条

# ❶ 秘密保持契約終了後の秘密の取扱い

秘密保持契約が終了したら秘密情報の取扱いはどうなるのか。秘密保持契約には、通常、契約終了後も秘密保持義務は一定期間存続する旨の定めが置かれる。それでは、このような存続条項が置かれていないときは、開示された秘密情報の取扱いはどうなるのか。大きく2つの考え方があると考えられる。

A説：契約期間中に開示された以上は、契約終了後も当該秘密情報には契約の定める秘密保持義務が引き続き適用される。

B説：契約終了により、秘密保持義務は終了し、契約期間中に無断開示等の契約違反があった場合にのみ、当該秘密情報に契約条項が適用される。

秘密保持契約が終了したからといって、契約期間中に開示された秘密情報の秘密性が解除されるというのは、当事者の合意的意思に反する。秘密保持契約終了後も開示した情報の秘密性が継続していると認められる場合には、少なくとも信義則上の守秘義務は継続すると考えるのが妥当とは考えるが、その要件は不明確であり、紛争が生じた際の当事者の協議の基準を設定しておくのが望ましいことはいうまでもない。

ところで、秘密保持契約が終了したら、開示された秘密情報はどこに存在することになるのか。本来、受領者のもとには残存させるべきではない。契約終了時には秘密情報は返還又は廃棄されるべき旨の条項を定めておくべきである。それにもかかわらず、秘密情報が受領者のもとに客観的認識可能なまま残っていれば、秘密保持期間の問題ではなく、返還義務違反という問題となる。そうすると、受領者のもとには何も残らないということになりそうだが、情報に接した者の頭には、秘密情報の記憶が残存する。これは消しようもない。時の経過によって、利用不可

8. 秘密期間（6条）　73

能ないし利用の意味が失われるまで待つしかない。これが、契約終了後の秘密保持期間の意味である。

また、秘密情報にかかる「情報」は誰のものという観点を押さえておく必要がある。守秘義務が消滅すれば、相手方から受領した（元）秘密情報は、自由に使用してよいのかというとそうはならない。秘密情報は財産的情報であることが多いからである。

## ❷ 秘密保持期間の設定

秘密情報に接した者の頭に残ることから、開示予定の秘密情報の重要度、陳腐化の見込期間などを考慮して、契約終了後の秘密保持期間を設定する。秘密保持期間をどのように設定するかは、次の裁判例が参考になる。

---

**大阪地判平20.8.28裁判所 HP**

「秘密保持に関する条項が本件開発委託契約終了後も５年間その効力を維持するとする趣旨は、本件開発委託契約が終了してもこれまでの開発業務の遂行に当たり蓄積された種々のノウハウ等の営業秘密に関して契約終了後も相互にその秘密を保持すべき義務を一定期間存続させ、もって上記営業秘密の保有者の利益を保護することにあると解される。」「その営業秘密に係るノウハウ等が陳腐化し、一定期間経過後は有用性や非公知性が失われる場合が多いと考えられるから、あまりに長期間にわたり当事者に秘密保持義務を負わせるのも合理性に欠けるものというべき・・・」（５年間は合理的とした。）

---

秘密（媒体を含む）の返還・廃棄をきちんと行っていれば、秘密情報は接した者の頭の中に残るだけである。管理コストが増大するので、いたずらに長期とすることは現実的でない。開示する秘密の重要性、性質によって設定することになる。その際、記憶に残留した秘密情報が陳腐

化ないし利用不能になる程度に記憶の消滅が期待できる程度の期間、秘密保持期間を継続させるのは合理的であり、上記5年が有効とする裁判例があることも参考になる。

## ❸ 財産的情報の保護の継続

開示情報は、開示者の財産的情報であることを明示し、無断使用を牽制するために、秘密保持期間が経過したからといって、自由な利用を認めるのが当事者の意思ではないことを明示する。重要な技術的情報を開示する場合には、このような条項を設けておくと安全である。

## ❹ 契約の始期・満了を定める場合の条項例

ひな形1は、始期を「本契約の期間は＿＿年＿＿月＿＿日から」とした。これは、契約締結日と契約の効力発生日が一致しない場合を想定している。遡って「○年○月○日から」とすることも可能である。秘密保持契約の締結に先行して、秘密情報の開示がされるということは、決して珍しいことではない。その場合、遡及的に一定の時期から契約の効力を及ぼす合意をすることで差し支えない。これにより、秘密保持契約締結前の開示情報の取扱いを合意で定めたことになる。

それでは、当事者が期間満了に気づかず、相互に秘密情報の授受をしていた場合は、どのような法律関係になるであろうか。通常は、黙示の期間延長の合意があったものとして、又は、従前の秘密保持契約の条項に従うとする黙示の合意があったとして、そのまま秘密保持契約に従うことになろう。

しかし、それでは、終期が不明となる。気づいたときには、何らかの書面の手当てが必要となる。覚書を作成し、その中で、次のように効力の始期・終期を明確にしておけばよい。

8. 秘密期間（6条） 75

当事者間の〇年〇月〇日付秘密保持契約の効力は、（遡って同契約記載の契約満了日の翌日である）〇年□月□日から△年△月△日までの期間とする。

## ❺　契約の更新を定める場合の条項例

　参考までに、始期を本契約締結時とし、更新の定めのある条項例を掲げる。このような方法も一般的である。

　本契約の有効期限は、本契約の締結日から起算し、満〇年間とする。期間満了後の〇ヵ月前までに甲又は乙のいずれからも相手方に対する書面の通知がなければ、本契約は同一条件でさらに〇年間継続するものとし、以後も同様とする。

☞ ひな形3（167ページ）5条

　なお、上記条項例は、「期間満了後の〇ヵ月前まで」とあるが、「（満了）後」では、起算点が不明瞭である。ここでは満了直後すなわち満了日が経過した時（日）のことをいうのであろうが、契約書では、「満了日」「満了日の翌日」のように起算点を明確にするのが通例である。

# 9 権利義務の譲渡承継の禁止（7条）

## POINT

- ☑ 権利の譲渡禁止特約は、定めておく方が、本契約にもとづく債権の譲渡などが発生した場合に対応しやすい。
- ☑ 契約上の地位の譲渡と債務の承継には、契約の相手方の承諾が必要なので、あえて秘密保持契約で規定するとすれば、事前に書面の承諾を得る旨の方式を定める。
- ☑ 包括承継も事前の承諾を必要とするか否かを検討する。

---

第7条　（権利の譲渡禁止等）
　甲及び乙は、事前の書面による相手方の承諾を得ることなく、本契約上の地位及び本契約により生じた権利義務の全部又は一部を第三者に譲渡し、又は承継させない。

---

### ❶ 譲渡禁止特約の意義

　秘密保持契約において、債権譲渡の対象となり得る債権は、受領者の契約違反に基づく損害賠償請求権と、秘密情報（記録媒体）の返還・廃棄請求権であるが、その場合、債権譲渡禁止特約は必要であろうか。必要性を認めない立場の条項例（譲渡禁止特約の不存在）も目にする。しかし、例えば、ある日突然、「秘密保持契約に基づく貴社に対する損害賠償請求権をA社に譲渡した。」などという債権譲渡通知が届いたらど

うであろうか。債権譲渡禁止特約を付しておけばよかったということになるのではないか。このような事態は、容易には想定しにくいが、理論上はあり得るということで、念のために設けておくのが有益であろう。

## ❷ 新民法における債権譲渡禁止特約

新民法のもとでは、債権譲渡は、債権譲渡禁止特約があっても有効である（新民466Ⅱ）。しかし、譲渡禁止特約があり、譲受人がその特約を知っている（悪意）又は容易に知ることができた（重過失）場合には、譲受人に対し当該債務の履行を拒絶でき（新民466Ⅲ）、債務者は、従前の債権者に弁済すれば免責される。債権譲渡は有効なので、譲受人に弁済しても免責される。

債務者が履行をしない場合は、譲受人は当該債務者に対し「譲渡人」に相当期間内に履行することを催告できる。債務者は、この履行をしないときは、「譲受人」に履行しなければならない（新民466Ⅳ）。

この規律のもとにおいて、情報の受領者は、「秘密保持契約に基づく貴社に対する損害賠償請求権をＡ社に譲渡した。」との通知に続き、譲受人と称する者が、損害賠償請求をしてきた場合にどのように対応すればよいか。

受領者は、秘密保持契約に債権譲渡禁止特約があり、当該契約に基づく債権譲渡である以上、契約書を見ていないことは合理的に想定できないので、譲受人は、譲渡禁止特約につき、知っていたか、少なくとも知らないことに重過失があったと判断することができる。

そうすると、譲受人を相手にしなくともよいので、譲渡人（開示者）に対し、「そのような損害賠償義務は負っていない」旨主張することになる。また、秘密情報（記録媒体）の返還・廃棄請求権が譲渡の対象の場合は、譲渡人に返還等すれば足りる。

譲渡禁止特約がなかった場合には、譲受人のみを相手にせざるを得ず、様子の知れない譲受人に対する対応に実務上苦慮しかねない。

## ❸ 包括承継の場合にも対応するための修正例

　契約の当事者の一方が第三者との間で契約上の地位を譲渡する合意をした場合、その契約の相手方がその譲渡を承諾しないと、契約上の地位は移転しない（新民539の2）。

　したがって、あえて契約書に規定する必要性は高くはない。しかし、ひな形1では、「事前の書面の承諾」と、方式の合意をし、法律関係を明確化している。

　次に契約上の義務の承継であるが、ここでいう「義務」は、法律上のものなので、「債務」と同義である。法律上、債務の承継（合併のような包括承継を除く）は、併存的債務引受と免責的債務引受がある（新民第3編1章5節）。併存的引受は、債務者と引受人の間ですることができるが、その場合、債権者が承諾をした時に効力が生じる（新民470Ⅲ）。免責的債務引受は、債権者と引受人の合意又は債務者と引受人の合意に債権者が承諾することによってすることができる（新民472Ⅱ・Ⅲ）。したがって、債務の承継は、いずれにしてもその債権者の承諾が必要なので、契約書で「義務の承継」につき、相手方の承諾の必要性を規定する必要性は高くはないが、ここでも「事前の書面の承諾」と、方式の合意をし、法律関係を明確化している。

　ちなみに、民法では、債権と契約上の地位は「譲渡」、債務は「引受け」の用語を使用している。また、「承継」は、債務についても使用されるので、ひな形1では「（権利義務を）第三者に譲渡し、又は承継させない」とした。

　ところで、合併や会社分割のような包括承継の場合はどうなるのであろうか。「承継」は「引受け」よりも広く、包括的な場合を含む。包括承継の場合は、法律上一定の事実又は手続きのもとに、権利義務は当然承継する。秘密保持契約の相手方が当方の競合相手と合併するような場合など、事前の承諾を必要としたいときはどうすればよいか。

9. 権利義務の譲渡承継の禁止（7条）　79

ひな形1では、「承継」の用語を使用しており、包括承継を含むと解する余地もあるが、明確ではない。したがって、包括承継の場合を含ませたい場合には、次のような条項が考えられる。

---

　甲及び乙は、事前の書面による相手方の承諾を得ることなく、本契約上の地位及び本契約により生じた権利義務の全部又は一部を第三者に譲渡し、又は承継（合併等の包括承継を含む。）させない。

☞ ひな形2（164ページ）17条

---

秘密保持契約では、随時秘密情報の返還・廃棄を求めることができる条項が一般的であるので、違反の場合は、当該条項で対応できる。

# 10 仲裁（8条）

### POINT

☑ 準拠法と管轄は異なる。
☑ 紛争解決手段には、訴訟のほかに仲裁もある。
☑ 秘密情報の保護を図りながら紛争を解決したい場合は、訴訟よりも、非公開の仲裁が優れている場合がある。
☑ 訴訟に適した事件もあるので、紛争解決手段（仲裁か訴訟）の選択ができる紛争解決条項を定めることも検討の余地がある。

---

第8条　（仲裁）
　本契約には日本法が適用され、また、本契約から又は本契約に関連して、当事者の間に生ずることがあるすべての紛争、論争又は意見の相違は、一般社団法人日本商事仲裁協会の商事仲裁規則に従って、東京において仲裁により最終的に解決されるものとする。

（日本商事仲裁協会の仲裁条項例を一部修正した）

---

## ❶ 準拠法・紛争解決手段・管轄

　準拠法、紛争解決手段及び管轄は、別個の概念である。
　準拠法は、各国の法制度が異なる中でどの国（州ごとに法律が異なる米国等であれば州）の法律が適用されるのか、紛争解決手段は、訴訟、仲裁、調停などのいくつかの法的紛争の解決方法があるがいずれをとる

か、管轄は、紛争解決手段をどこの場所で行うか（裁判管轄は、このような場所管轄だけではなく、どの審級の裁判所が管轄するかという職分管轄、地方裁判所と簡易裁判所のいずれの裁判所が管轄するかという事物管轄もある）という問題である。

　上記の条項例では、準拠法を「日本法」とする。当事者の所在地がいずれも日本の場合は、規定しなくとも準拠法は日本法とするのが当事者の合理的な意思なので、この場合は、あえて準拠法の定めは不要である。

　当事者のいずれの所在地を管轄する紛争解決機関に訴訟や仲裁を申し立てることができるか、というのが土地管轄であり、上記の条項例では「東京」としている。土地管轄は、甲が申し立てるときは「乙」の所在地、乙が申し立てるときは、「甲」の所在地というように公平に定める場合もある。

## ❷　紛争解決手段の設定の要否

　契約書に規定する紛争解決手段は、一般に訴訟である。秘密保持契約においても、次の例のように訴訟としている例が圧倒的に多い。契約書に紛争解決手段が定められている以上、紛争が起こることは想定内である。しかし、秘密保持契約の性格上、本当にそれでよいのであろうか。

## ❸　紛争解決のシミュレーション

### （1）秘密保持契約に関する主な紛争3パターン

　開示者の立場からは、次の各ケースについて、どのように対応することになるであろうか。秘密保持契約における紛争を想定してみる。

ケース①　受領者が開示者の秘密情報を目的外に使用して自社製品を開発して販売した。

82　第2章　秘密保持契約の条項ごとの留意点

ケース② 受領者が開示者の秘密情報を目的外に使用して自社製品を開発している様子である。

ケース③ 受領者が開示者の秘密情報である発明に関し特許出願をした。

## （2）ケース①の場合

法律上の請求権として、秘密情報使用の差止請求権及び損害賠償請求権が考えられる。要件は次のとおりである。

（ⅰ）受領者に開示する時に開示者の保有する秘密情報であったこと

（ⅱ）秘密情報として受領者に開示したこと

（ⅲ）受領者が当該秘密情報を自社製品の開発に使用したこと

（ⅳ）受領者の使用が目的外であること

（ⅴ）受領者が当該自社製品を販売していること

（ⅵ）損害（損害賠償の場合）

以上の要件は、当該要件のもとに請求をする側、すなわち開示者が主張立証しなければならないが、このうち一番激しく争われるのは、（ⅲ）であることが想定される。

すなわち、秘密保持契約上の開示者の秘密情報を受領者がその製品開発に使用したか否かである。そうすると、開示者は、対象製品に使用されていることが証明できる程度に、裁判所に対し、秘密情報の内容を明らかにしなければならなくなる。近時、訴訟手続において、秘密を一定程度保護できる制度が設けられているが、公開の裁判というのは憲法の要請でもあり、限度がある。この点、仲裁であれば、完全な非公開であり、また、手続きも柔軟であるので、秘密の保持には適した手段となっている。

ただし、仲裁判断の場合は執行力が付与されておらず、強制執行を行うには、あらためて裁判所に執行判決を求める必要がある。それであっても、裁判所は執行力を付与するか否かの観点から審理を行い、事件の

10. 仲裁（8条） 83

再審理を行うわけではないので、秘密を保護するという観点からは仲裁手続が有効である。

なお、不正競争防止法に基づく差止等請求事案であるが、秘密の特定についての裁判例は、4章2節❶を参照されたい。

## （3）ケース②の場合

この場合は、「疑い」のレベルであり、開示者の秘密情報を受領者が目的外使用をしたという証明ができないことから、訴訟の俎上には載せられない。この点、仲裁であれば、請求も一定程度柔軟であるので、「対象製品が開示者の秘密情報を使用していないことの合理的な説明をせよ」旨の申立てが考えられる。

ただ、これも相手方が応じなければ、法的請求権として構成できるかどうか微妙であるので（信義則上の義務と構成する余地がある）、秘密保持契約に、監査条項として「開示者が求めたときは、受領者は、秘密情報を目的外に使用していないことの合理的説明を行う」旨を定めておくことも検討の余地がある（監査条項については、3章2節参照）。

## （4）ケース③の場合

この場合は、特許の出願をしてしまった以上、内容が特定できるので、未公開であれば、当該情報を開示しないこと（特許出願の取下げを含む）又は出願人の名義移転を求めることになり、また、公開後であれば、出願人の名義移転を求めることになるであろう。この場合は、訴訟の方が直截的であろう。

# ❹ 紛争解決手段を明確化する修正例

## （1）訴訟

> 本契約に関する紛争については○○地方（簡易）裁判所を第一審の専属管轄裁判所とする。
>
> ☞ ひな形3（167ページ）7条

　原則として訴額が140万円を超えると地方裁判所が管轄し、それ以下だと簡易裁判所が管轄する。土地管轄は原則として合意で定めることができ、また、事物管轄についても合意ができる（ただし、簡易裁判所は、本来地方裁判所の管轄する事件であれば、地方裁判所に裁量移送ができる）。

　「○○地方（簡易）裁判所」のところは、「訴額に応じて○○地方裁判所又は○○簡易裁判所」又は「訴額にかかわらず○○地方裁判所又は○○簡易裁判所」のいずれかに書き換える必要がある。ただし、このままであっても、当事者の合理的な意思からすれば、「訴額に応じて○○地方裁判所又は○○簡易裁判所」ということになろう。

　「専属管轄裁判所」は、ほかの裁判所は管轄を有しない旨の合意であり、かかる合意は有効である。

## （2）仲裁

　冒頭の日本商事仲裁協会のほかに、次のように弁護士会を利用する条項例もある。

> 本契約に関して紛争が生じた場合には、東京地方裁判所を第1審の専属的合意管轄裁判所とする。ただし、甲又は乙が、訴訟によらず、第一

10. 仲裁（8条）　85

> 東京弁護士会又は第二東京弁護士会に仲裁を申し立てたときは、相手方
> はこれに応じ、甲と乙はその仲裁判断を最終的なものとしてこれに従う
> ことを合意する。
>
> ☞ ひな形2（164ページ）18条参照

　上記の条項例は、訴訟も選択できるものとし、当事者の一方が、訴訟によらずに仲裁申立てをした場合には、仲裁によって紛争を解決すべきものとするものである。

　したがって、ケース③のように、訴訟が直截的な場合には、訴訟を選択することができる。

# 第3章 その他の注意すべき条項

# 1 開示情報の正確性の保証

## POINT

- ☑ 正確性の非保証にかかわらず、信義則上の適正な情報提供義務が認められることがある。
- ☑ 情報の保証には、正確性だけではなく、開示の権利を有することを対象とする場合がある。
- ☑ 当事者以外の秘密情報が混在しないように、開示者に開示権原を保証させることがある。

### ❶ 正確性の保証の意義

> 第○条（保証）
> 　本契約に基づき開示されるすべての秘密情報は、「現状のまま」提供され、開示者は、秘密情報の正確性及び利用可能性に関する保証を含む、本契約に従って開示する秘密情報に関する一切の保証を行わない。
> 　　　　　　　　　　　　　☞ ひな形2（163ページ）13条

　このような開示する情報の正確性の保証を否定する条項を目にすることがある。どのような意味を持つのであろうか。
　秘密保持契約は、何らかの取引契約の準備段階のものであって、情報の利用も限定的であり、また、情報に対価を支払うものではない。したがって、開示情報に正確性の保証まではできないとして、ケースのよう

な非保証の条項を設けることがある。

　しかしながら、受領者側では、取引検討のため秘密情報の正確性が重要となる事案も想定され、その場合、情報の正確性が担保できないと判断にリスクが伴う。

　ところで、非保証条項は、額面どおりの効果が生じるものだろうか。

　提供した重要な情報に誤りがあり、秘密保持契約の趣旨を損なうような場合には、信義則に基づく適正な情報の提供義務違反として、非保証、免責条項が適用されないとする次の裁判例がある。

---

**東京地判平15. 1. 17判時1823・82　第一火災海上事件**

　財務内容に関する虚偽の情報の提供が不法行為になるとされた事例であるが、「被開示者は、被開示者における本件取引検討の目的のために開示者より情報提供を受けることにより、何らの法的権利も取得せず、また、<u>その情報の正確性について保証を受けるものでもなく、</u>被開示者がこれらの情報により万が一何らかの被害を被っても、開示者にその<u>責任を追及しません。</u>」とする条項の効力が争われた。

　裁判所は、「・・・重大な結果を伴う基金拠出に際して、・・・重要な財務内容を開示する場合には、<u>信義則上、できる限り適正な情報を提供すべき義務がある</u>」とし、免責条項は適用しなかった。

---

## ❷　対応の方向性を示す修正例

　情報の正確性の非保証、免責条項は、信義則の適用により排除されることがあり、この法理は、正確性の保証条項がない場合にも当てはまる。したがって、正確性の非保証は、受領者に対する注意喚起の機能を果たすとともに、さほど重要ではない情報についてまで開示者は正確性の責任を負わないとするものであり、法的効果としては、「信義則上、できる限り適正な情報を提供すべき義務」を排除するものではない。

1. 開示情報の正確性の保証　89

開示する情報の正確性について、法的義務を定めずに、対応の方向性を示す中間的処理の仕方がある。

条項例1

> 開示者は、開示する秘密情報につき、その知る限りにおいて正確性を期するが、正確であることを保証するものではない。

条項例2

> 開示者は、開示する秘密情報につき、重要な誤りがないよう適正な情報開示に留意するが、正確であることを保証するものではない。

ただし、受領者には、一定の信頼が生じるので、開示者には、説明義務違反、注意義務違反等の法的責任が生じやすくなる可能性はある。

# ❸ 秘密情報のオリジナリティを保証する修正例

開示者の秘密情報に混在して他社の秘密情報が開示される危険があるときなどに、オリジナリティを保証させる必要が生じることもある。

情報の正確性までの保証は求めなくとも、第三者の秘密情報が混在しないようにしたい場合の条項例を掲げる。

条項例1

> 開示者は、開示する情報につき、開示権原を有することを保証する。
> (ここは「権原」である。「開示権原」は、「開示する権利」としてもよい)

開示者に開示情報の開示権原がなければならないことは当然のことであるので、保証の有無を問わず、同一の法的効果が認められる。しかし、

90　第3章　その他の注意すべき条項

注意喚起のために、また、コンプライアンス遵守の観点からこのような条項を設けることがある。

端的に、次のような条項例も考えられる。

条項例2

開示者は、その開示する情報に第三者の秘密情報が含まれていないことを保証する。

# 2 監査条項

### POINT

- ☑ 受領者による秘密情報の管理には、開示者の監査が必要なことがある。特に経営の根幹にかかわる情報を開示する場合は、監査条項を入れるべきである。
- ☑ 受領者にとって、事業所内での開示者の監査を受け入れることには抵抗があるが、開示者と受領者の利害の調整を図る方法もある。
- ☑ 開示者と受領者の利害の調整の方法には、書面の監査に限る方法、事業所の立合には、監査方法等の調整を行うとする方法、監査人を独立した専門家とし守秘義務を課する方法などがある。
- ☑ 事故が生じた場合には、事業所内での立合監査を求める例もある。

## ❶ 監査の手段を定め、実現性を高める修正例

秘密保持契約には、監査条項を設けることがある。一例を掲げる。

条項例1

> **第○条 (監査)**
> 開示者は、受領者による開示者の秘密情報の管理状況に関し、事前に通知をすることにより、自らまたは専門家を指名して、受領者の事業所に立入って監査することができるものとし、受領者は、誠実に協力するものとする。

このように立入監査ができる秘密保持条項を目にする機会は少ない。立入監査は、本件と関連のない秘密情報の漏洩につながるおそれがあるので、一般的には受け入れがたい条項である。ただし、業務受託者に経営の根幹となる重要な情報にアクセスを許諾したり、重要なソースコードを開示するような場合は、このレベルの監査条項を入れることも検討に値する。

しかし、次の条項であれば、受領者としても抵抗感なく受け入れることができ、開示した重要な情報が目的外使用される可能性（再委託先から情報が流出する等）を否定できないときなど比較的多くの場合が検討の対象となるのではないか。特に重要な技術情報を開示する場合には、目的外使用の牽制にもなり、また、目的外使用等の疑いが生じた場合には、仲裁において、違反のないことの合理的な説明を求めるための根拠を提供することにもなる。

> 開示者は、受領者による開示者の秘密情報の管理状況に関し、<u>随時書面による報告を求める方法により監査</u>することができるものとし、受領者は、誠実に協力するものとする。
>
> ☞ ひな形2（161ページ）7条1項

このような条項でも、情報管理規定の内容、保管場所・方法、アクセスした者（属性）、アクセスの目的、複製の有無・方法、秘密保持契約の義務についての周知方法・程度等質問事項を工夫すれば、相応の実効性は上がるものと考えられる。

条項例1に、受領者に受け入れられやすい若干の条件を付した条項もある。

条項例2

> 開示者は、受領者による開示者の秘密情報の管理状況に関し、事前に通知をすることにより、自らまたは専門家を指名して、受領者の事業所

2. 監査条項　93

に立入って監査することができるものとし、受領者は、誠実に協力する
ものとする。ただし、受領者の業務に支障を生じることのないように、
日時、場所、監査方法について、事前に調整を行う。

　独立した専門家を使用する次の方法もある。このような方法により、
受領者に受け入れられやすい監査方法とすることもできる。

条項例3

　開示者は、受領者による開示者の秘密情報の管理状況に関し、事前に
通知をすることにより、独立の専門家を指名して、受領者の事業所に立
入って監査することができるものとし、受領者は、誠実に協力するもの
とする。開示者は、上記専門家に対し、上記監査により受領者の他の秘
密情報に接したときは、これを開示者に開示しないように義務を負わせ
る。

## ❷ 事故発生時に監査を求めるための修正例

　事故が生じた場合に限り、監査を求める次のような条項例もある。

　秘密情報につき、漏出、紛失、盗難、押収等の事故が発生した場合に
は、開示者は、受領者による開示者の秘密情報の管理状況に関し、事前
に通知をすることにより、自ら又は専門家を指名して、受領者の事業所
に立入って監査することができるものとし、受領者は、誠実に協力する
ものとする。

☞ ひな形2（161ページ）8条1項・2項参照

94　第3章　その他の注意すべき条項

### ❸ 秘密情報の不正使用の疑いに対応する修正例

　相手方に不正使用の疑いが生じる可能性のある場合には、次のような条項例が考えられる。

　開示者の秘密情報につき、目的外の使用又は不正な開示の合理的な疑いが生じたときは、開示者は、受領者に対し、秘密情報の目的外の使用又は不正な開示をしていないことにつき、合理的説明を求めることができる。

# 知的財産権処理条項

## POINT

- ☑ 秘密保持契約書の締結だけで相互に技術的情報を開示することがある。
- ☑ 開示を受けた技術的情報に基づき発明がなされることがある。
- ☑ そのような発明の取扱いについて秘密保持契約書で定める必要がある。

## ❶ 知的財産情報の開示と秘密保持契約のポイント

　技術提携を検討する際には、秘密保持契約書に技術情報の取扱いに関する次のような条項を設けることがある。

> **第○条　（発明等の取扱い）**
> 　受領者は、開示者の秘密情報を参照して発明、考案、意匠又はノウハウ（以下「発明等」と総称する。）の創作をした場合には、速やかに開示者に通知し、開示者と当該発明等の帰属及び取扱いを協議する。
> 　　　　　　　　　　　　　☞ ひな形2（162ページ）10条1項

　製造委託契約、技術ライセンス契約、共同開発契約などの交渉段階で、秘密保持契約を締結し、相互に技術情報を開示することがある。このような場合、アイデアやノウハウといった権利性を明確に認識できない秘密情報の開示が想定されるが、秘密保持契約だけで一定の技術情報を開

示するには、開示者の秘密情報を参照して受領者が発明をした場合に備えた条項を設けておく必要がある。

　秘密情報を参照したからといって、その結果としての発明が同じく開示者の秘密情報かどうかは、一概にはいえない。「技術的思想」（アイデア）の重要な部分が同一であれば、その部分は「秘密情報」といえそうであるが、必ずしも明確ではない。

　ポイントは、不正利用されないように、（ⅰ）不正利用の場合の証明ができるようにしておくこと、（ⅱ）先に権利化の手順を踏んでおくことであるが、より具体的には次のとおりである。

① 　開示する情報は、重要な技術的情報であるか

　重要性の度合いに応じた対応となることは、リスクと管理コストの兼ね合いである。

② 　開示する技術的特徴は何か。不正使用された場合に特定可能か

　不正利用の証明は困難ではあるが、不正利用されるとしたら、どのような特徴部分か、また、どのような資料により開示者の秘密情報であることが証明できるか。

③ 　特許出願が可能であれば、開示前の申請も検討する

　受領者が開示者の秘密情報を参考にして特許等の出願をすることも想定して、予防的に自ら出願しておく方法も検討の余地はある（なお、出願しても公開前に出願を取り下げれば、ノウハウとして留まる）。

## ❷ 開示に伴うリスクをカバーする修正例

　上記は、しばしば目にする条項だが、これで十分であろうか。通知、協議義務だけでは、本条違反の場合及び協議が整わなかった場合どうするのか明確ではない。

　また、自社の発明につき、当該秘密情報との抵触を回避するために参照することも考えられるので、「なお、上記参照には、自己の取り扱う

3. 知的財産権処理条項　97

技術につき、秘密情報との抵触を回避させるために当該秘密情報を参照する場合を含むものとする。」と加えることも検討の余地がある。

このような観点を踏まえて、先の条項例に2項を追加する。

---

**第○条　（発明等の取扱い）**

2．前項の協議における合意に基づかずに、受領者が発明等につき産業財産権の出願をした場合は、次の各号によるものとする。なお、本項は、開示者の秘密情報につき、受領者の目的外使用及び出願等による第三者への開示を認めるものと解してはならない。

(1)　発明等がもっぱら開示者の秘密情報に基づくとき、又は当該出願が受領者の秘密情報の目的外使用、秘密保持義務違反等の本契約違反を構成するとき：開示者は、その選択により、受領者に対し当該出願に係る権利の全部の移転、出願の取下げ、又は出願に係る権利の放棄を請求することができる。

(2)　その他の場合：開示者は、発明等への寄与の割合に応じ、受領者に対し当該出願に係る権利の移転を請求することができる。ただし、当該権利の共有持分の割合は2分の1以上とする。

☞ ひな形2（162ページ）10条2項

---

上記条項は、次のとおり、場合分けをして効果を規定した。

(1)　（ⅰ）「発明等がもっぱら開示者の秘密情報に基づくとき」は、NDA違反ではないが、開示者の秘密情報にもっぱら依拠した場合である（NDA違反になる場合が多いと思うが念のために規定する）。

（ⅱ）「秘密情報の目的外使用、秘密保持義務違反等の本契約違反を構成するとき」

(2)　(1)以外の場合。共有持分が明確ではないが、少なくとも2分の1ということで、立証の困難を軽減した。

## ❸ 発明・考案・意匠又はノウハウの法的位置付け

「発明、考案、意匠又はノウハウ」とあるが、「発明」は特許法、「考案」は実用新案法、「意匠」は意匠法の概念である。「ノウハウ」は公開しない発明、考案又はこれに至らない価値のある方法等を指す。なお、本条項では、著作権は想定していない。著作権は、創作性のある「表現」を保護するものであり、秘密情報にかかわるアイデアの保護にはそぐわないからである。

## ❹ 残存期間の設定も検討する

秘密保持契約終了後に、受領者が開示者の秘密情報を参照して発明等をする可能性があることは、容易に想定できる。秘密情報を返還・廃棄しても、頭の中には残っており、また、秘密情報そのものの使用でなければ、目的外使用といえるかどうか微妙なところがある。したがって、契約終了後の秘密情報の参照についても本条項の効力が及ぶものとする必要がある。これを、3年とするか5年とするかは、開示する技術の内容、価値、陳腐化する速度等の事情に応じて設定することになろう。

# 4 差止請求権・原状回復請求権・損害賠償請求権

## POINT

- ☑ 日本法では、差止請求権の定めがなくても、契約の効力として、不正開示、目的外使用等の差止を求める権利が生じる。
- ☑ 一方の契約違反時に他方が必要な措置を請求できる旨の定めは、秘密情報保護のために有益である。
- ☑ 損害賠償請求権は、民法の定めのとおりであれば、特に定めなくともよい。

### ❶ 差止請求権

時折、差止請求ができる旨の次のような条項を見ることがある。英米法人のNDAであれば、必ずといってよいほど見かける条項である。

> 第○条　（差止等）
> 　開示者は、本契約の履行を求めるため、差止による救済を含む、あらゆる適切な救済を受ける権利を有するものとする。

英米法では、契約違反があった場合の原則的な救済方法は金銭賠償である（common lawの原則）。しかし、秘密情報の漏洩防止、目的外使用については、事後的な損害賠償では不十分であるため、例外的に、差止など衡平法（equity）上の救済を求めることができることを明示的に定めるものである。

日本法では、契約の効力として差止請求（「目的外の開示・使用をしてはならない」という不作為を求める履行請求）ができるためこのような内容の規定は不要であるが、準拠法が日本法でも規定されている場合がある。しかし、日本法と同じであるのでこのような規定があっても問題はない。また、「エクイティ法」「衡平法」の用語が使用されていても、合意の内容は明確なので差し支えない。

## ❷ 原状回復請求権

例えば、受領者が、開示者の秘密情報である準備中のロゴを自社の商品の標章として商標権の設定登録を受けたときは、原状回復措置として、開示者に対し商標権の登録抹消手続請求権が生じる。

## ❸ 損害賠償請求権

次のような損害賠償条項を見ることがある。

> 甲若しくは乙、甲若しくは乙の従業員若しくは元従業員又は第2条第2項の第三者が相手方の秘密情報等を開示するなど本契約の条項に違反した場合には、甲又は乙は、相手方が必要と認める措置を直ちに講ずるとともに、相手方に生じた損害を賠償しなければならない。
>
> ☞ ひな形3（166〜167ページ）4条　なお、上記の「第2条第2項の第三者」というのは、受領者が開示者の同意を得て開示者の秘密情報を開示した第三者を指す。

このような条項を置くことが違反行為等の牽制を果たすこともある。

ところで、上記の条項例だと「若しくは」が二重構造になっており複雑なので、次のように書き直した。

4. 差止請求権・原状回復請求権・損害賠償請求権　101

甲及び乙は、本契約に違反し、又はその役員・従業者、元役員・元従業者若しくは第2条第2項の第三者が本契約に抵触した場合は、相手方が求める必要な措置を直ちに講じるとともに、相手方に生じた損害を賠償しなければならない。

　趣旨は同じであるが、「従業員」だと文言上は派遣社員が含まれないので、漏れが生じる。「従業者」は、派遣社員を含む広い概念である。また、「役員」が含まれていないが、含める必要があるであろう。「役員」と「従業者」を中点（なかてん。「・」）でつないだのは、両者が当該文脈において、相互に密接性を有することによる。なお、秘密保持契約の直接当事者でない場合は、「違反」の用語よりも「抵触」の方が適切である（契約の当事者でなければ、「契約違反」はできない）。

　「相手方が求める措置」には、❷で述べたような商標権の登録抹消手続のほか、当該従業者に対する秘密情報の返還、廃棄を求める法的請求なども含まれると考えられる。記載がなくても契約の合理的解釈ないし信義則により同様の効果は認められる場合が多いと考えられるが、明文化は、契約違反の場合の措置として効果的である。

　「損害を賠償しなければならない」の部分は、民法どおりであるので、あえて記載しなくともよい。通常の取引基本契約では、民法どおりであっても損害賠償条項の規定はあるが、秘密保持契約ではあまり目にしない。いずれでも問題はない。

　ところで、秘密保持契約書では、責任制限条項はほとんど目にしない。対価の授受がなく、秘密情報の範囲が広範であり、また、情報の価値も様々であるので、定型的な責任制限は馴染みにくいものと考えられる。

# 5 残留情報

## POINT

☑ 残留情報の取扱いを定めることがある。
☑ 開示者にとって、残留情報の自由使用は望ましいことではない。
☑ 財産的情報については、非許諾の確認条項を設けたい。

## 1 残留情報（residuals）とは

　受領者が開示を受けた秘密情報を返還・廃棄した後にも当該秘密情報に接した人の記憶に残留した情報の利用について、次のような条項がある。ただし、和文の秘密保持契約書で見かけることは少ない。

> 　受領者は、開示者の秘密情報に接し、又は秘密情報につき業務を行ったことにより生じた残留情報を、目的を問わず自由に使用することができる。

　「残留情報」とは、可読が不能な情報であり、秘密情報に接することによって、記憶補助具を使用することなく個人の記憶にのみ保持されたものをいう。個人の記憶は、経験の上に成り立っているが、どこまでが秘密情報と接したことにより生じた記憶か不明瞭なことがあり、その個人が使用・提供する類似の情報がすべて秘密情報に基づくとされては、行動が過度に制約されてしまうおそれがある。したがって、上記の趣旨の条項は、一応合理的ではある。

## ❷ 開示者側の対策としての修正例

　残留情報条項は、開示者側からすれば、受領者の記憶に残った情報といえども重要な秘密情報であることがあり、このような条項を受け入れることはなかなか困難である。

　そこで、開示者としては、2項として次のような条項を加えることを検討することになる。

> 2．前項にかかわらず、開示者の財産的情報は開示者に留まり、開示者は受領者に対し、その財産的情報の使用を何ら許諾したものではない。

　ここでは、「秘密情報」ではなく、あえて「財産的情報」とし、残留情報条項の趣旨を生かしつつ一定の制限を加えてみた。財産的情報の定義はしていないが、ノウハウのような会社としての財産を形成する情報と解釈できるであろう。

# 6 個人情報

### POINT

- ☑ 秘密情報に個人情報が含まれる場合は、個人情報保護法に従った保護措置をとる必要がある。
- ☑ 開示する秘密情報に個人情報が含まれないように、あらかじめ一定の措置を求める条項もある。
- ☑ 個人情報の取扱いを委託する場合は、受託者において、その取扱いが適正に行われることが担保できる条項とする。

## ❶ 秘密情報に個人情報が含まれる場合の条項例

　秘密情報に個人情報が含まれることがある。個人情報は、開示者が保有していても、当該個人のプライバシーの権利が及ぶ情報であり、個人情報保護法の保護が及ぶ特別の存在である。また、個人情報が大量に漏洩すると、社会問題を引き起こし、企業の信用失墜、巨額の対応費用の支出等、企業活動に重大な影響を及ぼしかねない。

　個人情報の取扱いは、個人情報保護法の規制を受けるので、同法に従った取扱いが求められる。

第○条　（個人情報の取扱い）
　受領者は、本秘密保持契約の目的に関連して開示者から開示された個人情報（個人情報保護法第2条第1項の定めに従う。以下「個人情報」という。）を、本秘密保持契約に従い秘密情報として取り扱うとともに、

個人情報保護法に基づいて厳重に取り扱うものとする。

　上記条項例は、秘密情報に個人情報が含まれている場合があることを想定した簡潔な条項である。次の条項例は、受領者側が開示を受ける秘密情報に個人情報が含まれることを回避したい場合に、上記条項例を1項とし、2項に置くことを想定している。

２．前項にかかわらず、開示者は、開示者の保有する個人情報を受領者に開示する場合、個人情報が特定できないように加工する等その情報が個人情報とならなくなるように努力する。

## ❷　主な開示情報が個人情報である場合の条項例

　業務委託が、個人情報の処理システムの開発、消費者からの受発注業務等委託者が受託者に対し大量の個人情報を開示する場合がある。その場合は、委託契約終了後の個人データの返還・消去・廃棄に関する事項、セキュリティ事件・事故が発生した場合の報告・連絡に関する事項等は、秘密保持契約の条項を適用したうえで、委託にかかる個人情報の取扱いを特別に規定することになる。

　個人情報データベース等を構成する個人情報を個人データというが、その取扱いの委託は、個人データの安全管理が図られるよう、受託者に対し必要かつ適切な監督を行わなければならないものとされている（個人情報保護法22）。

　そして、「個人情報の保護に関する法律についてのガイドライン（通則編）」（2017年3月改正・個人情報保護委員会）は、法22条につき、講じるべき必要かつ適切な措置として、①適切な受託者の選定、②委託契約の締結、③受託者における個人データ取扱状況の把握を掲げる（3-3-4）。

個人情報を取り扱う業務委託に関し、このような観点に基づく条項例を掲げる。

### 第○条　（個人情報の取扱い）

1．委託者が受託者に対し、本件委託業務に関し、個人情報の保護に関する法律（本条において以下「法」という。）に定める個人情報（以下「個人情報」と総称する。）の取扱いを委託したときは、法及び本条に従うほか、当該個人情報は委託者の秘密情報とみなし、秘密情報の取扱いに関する本契約の条項に従う。

2．受託者は、個人情報を、善良なる管理者の注意をもって管理するものとし、本業務の目的外に使用し、又は第三者に開示してはならない。なお、委託者は、個人情報を受託者に提示する際にはその旨明示するものとする。

3．受託者は、次の措置を含む、個人情報の管理に必要な措置を講ずるものとする。

個人データの漏えい防止、盗用防止；委託契約範囲外の加工、利用の禁止；委託契約範囲外の複写、複製の禁止

4．受託者は、委託者に対し、委託を受けた個人情報の取扱いの状況に関し、個人情報が本条に従い適切に取り扱われていることを示す内容を、定期的（最低1か月に1度）に報告するものとする。委託者は、受託者に対し、上記報告の内容その他必要に応じ、個人情報の取扱いに関し、管理の措置等の申し入れをすることができ、受託者は、これに対し適切に対応しなければならない。

5．委託者は、受託者が本契約に基づき個人情報を適切に管理していることに関し、前項で定めるほか、受託者に報告を求め、また、その他監査を行うことができる。

6．委託者は、前2項の報告若しくは監査又はその他の事由により、個人情報に関する本契約の定めが遵守されていないおそれがあると判断したときは、受託者に対し、適切な措置を求めることができる。

6. 個人情報　107

7．受託者は委託者から委託を受けた個人情報の取扱いを再委託しては
　ならない。但し、当該再委託につき、委託者から書面による事前の承
　諾を受けた場合はこの限りではない。

8．前項但書の場合、受託者は、再受託者による個人情報の取扱いにつ
　いて、再受託者に対し本契約と同等の義務を負わせるものとし、また、
　再受託者の行為につき一切の責任を負う。

9．委託者は、再受託者が個人情報の適切な安全管理措置を構築・運用
　していることについて、直接又は受託者を通して監査することができ
　るものとし、受託者は委託者の求めに応じて適切に対応する。

　委託業務に関し、「個人情報の取扱いを委託したとき」は、当該個人
情報を委託者の秘密情報とみなしている。受託者が直接消費者等から個
人情報を収集した場合でも、委託業務の遂行のためであれば、個人情報
は委託者に帰属する。

　再委託を必要とする場合（7〜9項）には、事前の書面による承諾の
ほか、再受託者に受託者と同等の義務を負わせ、また、委託者が直接監
査することができるとしている。

　その他の条項は、おおむね秘密保持契約の条項と重なるが、必要に応
じて、情報の取扱いに関し具体的な措置等を加えることとなる。

# 7 反社会的勢力排除条項

## POINT

☑ 反社会的勢力排除条項は、暴力団排除条例の要請である。
☑ コンプライアンスの観点から秘密保持契約にも規定する例が増えてきた。
☑ 秘密保持契約書には、取引基本契約書に見られるような詳細な条項ではなく、簡潔な条項で十分な場合も多い。
☑ 反社会的勢力排除条項により、契約解除ができるとする場合は、遡及効を考慮する。

---

第○条 （反社会的勢力の排除）
1．甲及び乙は、次の各号に定める事項を表明し、保証する。
　(1)　自らが暴力団、暴力団員、暴力団準構成員、暴力団関係企業、総会屋等、社会運動等標ぼうゴロ又は特殊知能暴力集団等その他暴力、威力、詐欺的手法を利用して経済的利益を追求する集団又は個人（以下併せて「反社会的勢力」という。）でないこと及びなかったこと。
　(2)　自己の役員及び主要な職員が反社会的勢力でないこと。
　(3)　自己の主要な出資者その他経営を支配していると認められる者が反社会的勢力でないこと。
　(4)　直接、間接を問わず、反社会的勢力が自己の経営に関与していないこと。
　(5)　反社会的勢力に対して資金等の提供ないし便宜の供与等をして

いないこと。

　(6)　反社会的勢力を利用しないこと。

2．甲及び乙は、自ら又は第三者をして次の各号に定める行為をしないことを表明し、保証する。

　(1)　暴力的要求行為

　(2)　法的な責任を超えた不当な要求行為

　(3)　脅迫的な言動又は暴力を用いる行為

　(4)　偽計又は威力を用いて相手方の業務を妨害し、又は信用を毀損する行為

3．甲及び乙は、相手方に前項の保証に反する事実が発覚（報道されたことを含む。）したときは、何らの催告なしに、本契約その他甲乙間で締結したすべての契約の全部又は一部を解除することができる。この場合、甲及び乙は、解除の理由を相手方に告げないことができ、また、相手方は、甲又は乙に対し、何ら名目を問わず、解除したことに関し一切の請求をしない。

# ❶　反社会的勢力排除条項の根拠

　上記の条項例は、取引基本契約書等で見られる詳細な反社会的勢力排除条項（以下「反社条項」という）である。

　東京都暴力団排除条例など各地方自治体の条例（以下「暴排条例」と総称する）は、事業者に対し、契約の際に相手方等が暴力団関係者でないことを確認すること、及び事業に係る契約を書面により締結する場合には、契約の相手方が暴力団関係者であることが判明した場合には、催告することなく契約を解除できるとする特約を契約書に定めること等の努力義務を課している。

　このような要請に基づき、近時、多くの契約書で上記条項例のような反社条項を目にする。

110　第3章　その他の注意すべき条項

秘密保持契約書であっても契約書である以上は、同じ取扱いになるが、秘密保持契約は準備段階ないし本契約に付随する契約であり、また、反社条項が大部であり条項のバランスが悪くなるせいか、秘密保持契約書では、反社条項は目にしないことも多い。

　ひな形2（詳細な形）14条では、少しコンパクトにした以下の❷及び❸で取り上げる条項を規定した。

## ❷　解除に遡及効を持たせたい場合の修正例

　契約の解除は遡及し相互に原状回復義務を負うとするのが原則である（新民545）。この原則は、約定解除の場合も変わらない。しかし、継続的契約の場合は、将来に向かって効力が生じるとするのが契約当事者の意思である（ただし、基本契約に基づく個別契約の解除の場合は、原則どおり遡及効が生じる）。

　暴排条例のいう「解除」は、解除によって反社勢力とは遡って契約関係がなかったものとするのが同条例の趣旨と考えられるので、遡及効を想定しているものとみることができる。

　しかし、秘密保持契約が解除されて、遡及的に契約の効力が生じないものとすると、どうなるであろうか。原状回復義務は生じるので、授受した秘密情報は返還ないし廃棄することになろう。しかし、秘密保持義務の継続期間の定めがどうなるのかなど明確ではない事態が生じるので、解除に遡及効をもたせる場合には、次のような条項を加えておきたい。解除の効果が遡及したとしても、解除後の法律関係は、当事者の合意で決めることができる（原状回復に関する合意）。

　なお、反社条項だけではなく、一般的な解除条項を設けた秘密保持契約書もたまに目にするが、同じ扱いである（本章8節参照）。

---

　本契約の解除にかかわらず、解除した者が本契約に基づき相手方に開示した秘密情報は、本契約の条項に従い取り扱われるものとする。また、

> 本契約解除後も上記秘密情報にかかる秘密保持義務は継続する。
>
> ☞ ひな形2（163ページ）14条2項

　上記条項例は、解除した者が相手方（反社勢力）に開示した秘密情報について、秘密保持契約に従って取り扱われるものとしており、当該相手方が開示した秘密情報についての保護は図っていない。反社勢力から開示を受けた情報は、その後、今後の取引で参照するためのデータベースに利用する等目的外使用があり得るからである。

## ❸　相手方と既に取引関係が成立している場合の条項例

　新たな取引の準備の際に、先方の企業の身元調査ができていることを前提とするならば、次のような簡潔な条項でも十分と考えられる。

> **第○条　（反社会的勢力の排除）**
>
> 　甲及び乙は、自らが暴力団関係者その他暴力、威力、詐欺的手法を利用して経済的利益を追求するもの（以下「反社会的勢力」という。）でないこと、反社会的勢力でなかったこと、反社会的勢力を利用しないこと及び反社会的勢力を名乗るなどして不当要求行為をなさないこと、並びに自らの主要な出資者、経営支配者及び役職者が反社会的勢力に属さないことを保証し、これに違反した場合には、相手方は催告することなく、本契約を解除することができる。
>
> ☞ ひな形2（163ページ）14条1項

　これであれば、暴排条例の要請を満たすことになる。
　なお、上記条項例の「もの」は、法律上の人格者（自然人及び法人）を指す「者」と、法人格を有しない社団等を指す「もの」の双方を含めて使用する用語である（法令用語）。

112　第3章　その他の注意すべき条項

# 8 契約解除

### POINT

- ☑ 秘密保持契約にも、契約解除の条項が置かれることがある。
- ☑ 契約解除には遡及効が生じるので、秘密情報の取扱いを明確にしておく必要がある。
- ☑ 契約終了後の秘密保持期間等若干の例外を除き、残存条項は一般的には不要であるが、契約解除を想定している契約書では、詳細に規定する必要がある。

---

第○条 （解除）

　甲及び乙は、相手方が次の各号の一に該当する場合には、催告をすることなく、直ちに本秘密保持契約を解除することができる。

(1) 本契約に違反したとき。

(2) 支払停止若しくは支払不能となったとき、公租公課の滞納処分があったとき又は差押え、強制執行、民事再生開始、会社更生開始若しくは破産手続開始の申立てがあったとき。

(3) 株主構成の大幅な変更、合併、株式交換、株式移転、事業譲渡その他実質的な経営主体、会社支配の主体の変更又は組織の大幅な変更があったとき。

(4) 上記各号に定めるほか、本契約を継続することが困難と認められる事由が生じたとき。

**1 一般的な解除条項において遡及効を避ける方法**

　秘密保持契約にも時折、契約解除の条項が置かれることがある。

　契約の解除には遡及効があるので、秘密保持契約では、開示された秘密情報の取扱いが不明確となるおそれがある。また、秘密保持契約は本契約に至る前の準備のためのものが多いこと、秘密情報はいつでも返還・廃棄請求ができることが一般的なので、当該条項に従って対応すれば足りることなどもあり、解除条項を見かけることは少ない。

　しかし、一定の場合に契約関係を解消させることが必要な場合があるとして、契約解除条項を置くことがある。反社条項（本章7節）に記載した例もその一つである。

　一般的な解除条項を置く場合、遡及効を避けるため、いくつかの方法がある。

① 「解除することができる」ではなく、「解約することができる」又は「終了させることができる」とする

　ここでの「終了させる」は、「解約させる」と同義である。「解約」は、将来に向かって契約の効力が失われることをいう。

　実務では、実際に「（一定の事由が生じた場合）解約することができる」と明記する秘密保持契約の条項を目にすることがある。

② 次の条項を加える

　反社条項の場合のように、最初から契約関係を有しなかったことにしたいという要請がある場合に対応できる。なお、反社条項（本章7節参照）に記載した条項例とは異なり、解除した者の秘密情報だけではなく、相互に開示された秘密情報を同一の取扱いとした。

> 　本契約の解除にかかわらず、開示者が本契約に基づき受領者に開示した秘密情報は、本契約の条項に従い取り扱われるものとする。また、本契約解除後も上記秘密情報にかかる秘密保持義務は継続する。

③ 残存条項を置く

> 　本秘密保持契約が期間満了、契約解除等事由にかかわらず終了したときは、第6条第2項（秘密期間）は本契約終了後5年間、第2条（秘密情報）、第3条（秘密の保持）、第4条（秘密情報の返還）、第7条（権利の譲渡禁止）及び第8条（仲裁）は対象事項が存続する限り、なお有効に存続する。

　残存条項の効力については、次に詳しく述べる。ここで残存させる条項は、契約解除の効果を勘案して、その数は多数に及ぶ。

## ❷ 残存条項の効力

　残存条項の例は、上記❶③のとおりである。
　秘密保持契約は、守秘義務の存続期間や技術検討のための情報交換に基づく発明等の取扱いなどを除き、次のとおり、一般的な残存条項が必要なわけではない。また、契約期間中に生じた効力（情報漏洩等の契約違反。また、終了時に生じる返還義務を含む）は契約終了後といえどもその効力は消滅するものではない（契約の性質上明らかであるため）。
　ひな形1（154 ～ 157ページ）によると、以下のとおりである。

### （1）秘密保持契約終了後に不要となる条項

① 　1条（目的）
　契約の終了により目的は終了するので、一切の使用、開示は認められなくなる。契約期間中の使用、開示に制限があるのに、契約終了後にその制限がなくなるというのは、通常当事者の合理的な意思に反する。
② 　2条（秘密情報）
　開示時に秘密情報の定義に該当するものが、契約終了後に秘密情報の定義からはずれることにはならない（秘密性が当然に消滅するものでは

8. 契約解除　115

ない）。

③　3条（秘密の保持）

　4条（秘密情報の返還）により、契約終了時は、秘密情報の返還・廃棄義務を負うので、通常は、3条の存続は予定されないが、万が一、4条違反により残存した秘密情報が漏出等をしたときは、引き続き当該情報には、同条が適用されるとするのが、当事者の合理的な意思となる。ただし、秘密保持義務の継続期間があまりに長期に及ぶのは合理性を欠く（2章8節❷参照）。

④　4条（秘密情報の返還）

　契約期間中及び終了時の義務であるが、ここで生じた義務の効力は、契約期間中に生じた効力なので契約終了後も存続する。

⑤　5条（義務の不存在）

　契約期間中に生じないと宣言した義務が、契約終了後に生じるものではない。

⑥　6条（秘密期間）

　1項は有効期間であるので、契約が終了すれば、当然に効力は喪失するが、2項は秘密保持期間であり、特別に、「終了後〇年間」のように、合意しておく必要がある。

## （2）効力の存続が当事者の合意から明らかな条項

①　7条（権利の譲渡禁止）

　契約期間中に生じた権利義務につき、契約期間中のみならず契約終了後も譲渡承継制限の効力が及ぶのは、当然、当事者の合理的な意思である。

②　8条（仲裁）

　準拠法、紛争解決方法、管轄は、契約期間中よりもむしろ契約終了後に想定される事態に対応するものであり、これも当然に、当事者の合理的な意思である。

## （3）契約解除に備えて各条項に留意すること

　契約解除条項がある場合は、契約の効力が遡及的に失われることから、秘密情報の取扱いに関する解釈上の疑義を避けるため、上記条項例のように、契約終了後の存続を明記しておくべき条項は多数に及ぶことになる。

# 9 その他の条項

## POINT

- ☑ 開示情報にソフトウェアが含まれる場合は、ソフトウェアの使用許諾契約における重要条項を規定しておく。
- ☑ 受領者がソフトウェア等の評価を行う場合は、その評価結果のフィードバックを受けることがある。
- ☑ 秘密情報が受領者の海外の子会社等に開示される可能性がある場合は、輸出管理条項を設けておく。
- ☑ 競業制限条項には、大きく分けて、「競業禁止」と「引抜禁止」があるが、秘密保持契約に競業制限条項を設けることはほとんどない。

ここまで述べたほかにも、秘密保持契約には、開示対象の情報の内容に応じて、各種の条項が設けられることがある。ここでは、これらについて解説する。

## 1 ソフトウェアの提供に関連する条項例

コンピューター・ソフトウェアの導入、共同開発等の検討に際し、対象となるソフトウェアを相手方に開示（トライアル使用）することがある。その場合、ソフトウェアの使用許諾の条項を秘密保持契約に設けることがある。

その場合は、当該ソフトウェアにつき、トライアル目的でのみ使用で

きること、第三者開示の禁止、複製の制限、終了時の複製保持の禁止など秘密保持契約条項で対応できる事項のほか、現状のまま提供され何ら保証を行わないこと、リバースエンジニアリング等の禁止など特別に必要となる条項がある（ほかにも、稼働環境は相手方が整える、検証結果を伝えるなど、必要に応じて付加）。

---

**第○条　（使用目的の限定）**

　甲が乙に提供するソフトウェア（以下「本ソフトウェア」という。）は、用途、機能、性能、稼働環境、ソースコード等その内容は甲の秘密情報とし、乙は、本ソフトウェアをトライアルの目的でのみ使用する。

---

**第○条　（リバースエンジニアリング等の禁止）**

　乙は、甲の事前の書面による承諾を得ることなく、本ソフトウェアの逆コンパイル、逆アセンブル、リバースエンジニアリング及びソースコード解析等の試みを行わない。

---

なお、「リバースエンジニアリング」が、ソフトウェアに関するものだけではないため、開示する秘密情報（技術情報）についてもその禁止を定める条項、提供するソフトウェアの品質等非保証、契約終了後のソフトウェアの処理について定めた条項もある。

---

**第○条　（リバースエンジニアリング等の禁止）**

　乙は、甲の事前の書面による承諾を得ることなく、秘密情報のリバースエンジニアリング並びに秘密情報がソフトウェアを含むときはその逆コンパイル、逆アセンブル及びソースコード解析等の試みを行わない。

　　　　　　　　　　　　☞ ひな形2（163ページ）12条参照

---

9.　その他の条項　119

**第○条　（非保証）**

　本ソフトウェアは、現状のまま提供され、甲は乙に対し、本ソフトウェアに関し品質、適切な作動、稼働環境、商用性等一切の保証を行わない。

**第○条　（ソフトウェアの消去）**

　乙は、本秘密保持契約終了時又は甲が求めたときはその時から○日以内に、本ソフトウェアのデータ及び複製を、全部又は一部にかかわらず、すべて消去、廃棄し、その旨の書面の証明を甲に交付する。

## ❷ トライアル用のソフトウェア等についての検討結果に関連する条項例

　秘密保持契約を締結したうえで、相手方から開示（提供）されたトライアルのソフトウェアや技術の評価を行うことがある（評価の結果として採用・不採用等）。その場合、開示者は、受領者からその評価結果をフィードバックしてもらうことがある。

　そのような場合の条項である。

　受領者は、開示を受けた秘密情報（である技術情報）につき、○○に関する評価を行い結果を書面で開示者に提出する。当該結果は、開示者と受領者の共通の保有情報とし、本秘密保持契約に従い、秘密として保持する。

120　第3章　その他の注意すべき条項

## ❸ 海外への情報輸出管理に関連する条項例

　日本国内で秘密保持契約に基づき相互に開示される秘密情報は、海外に提供されることが想定される場合は限定的であろう。

　しかしながら、受領した秘密情報ないしこれが化体した物品を海外子会社が検証するような場合もないとはいえない。

　そこで、秘密保持契約にも、一般的な輸出管理規定を置くことがある（グローバル企業の中には、契約にこのような条項を置くことを原則としている場合もある）。

> **第○条　（輸出管理）**
> 　甲及び乙は、秘密情報及びこれが含まれるデータ、物品を、直接又は間接に、輸出又は再輸出する場合は、適用国すべての外国為替及び外国貿易法その他の輸出入関連法令を遵守し、所定の手続を履践するものとする。
>
> 　　　　　　☞ ひな形 2（163 〜 164ページ）15条 2 項

　また、次のような条項例を加えることもある。

> 　甲及び乙は、秘密情報及びこれが含まれるデータ、物品を、国際的な平和及び安全の維持を妨げるおそれのある物品を製造する可能性があるものに開示、提供してはならない。
>
> 　　　　　　☞ ひな形 2（163ページ）15条 1 項

　上記各条項例は、秘密保持契約である以上、開示が許されている子会社等で「知る必要のあるもの」に開示が限定されている場合であるが、それであっても、輸出管理法令の趣旨を踏まえて、「手続きを履践すること」及び手続きにかかわらず、平和等の妨げとなる物品製造の可能性

9. その他の条項　121

のあるものに開示等してはならないとする念のための規定である。

# ❹ 競業制限のための条項例

　秘密保持契約に、競業制限条項が含まれるのは、まれではあるが皆無ではない。秘密情報の保持のためには、競業を制限することが効果的である。しかし、受領者側では、事業活動の過度な制限を課されることになるので、これに応じることができる場合はかなり限定的であろう。競業制限条項には、大きく分けて、「競業禁止」と「引抜禁止」がある。

---

**第○条　（競業禁止）**

　乙は、甲から受領した秘密情報を保持するため、本秘密保持契約の終了から○年間、甲の書面による承諾がある場合を除き、同秘密情報を利用することが合理的に疑われる業務を行わない。

---

　双方の義務として規定されることは想定しにくい。いずれか一方当事者が、相手方に利用される可能性のある重要な秘密情報を開示する場合に限定的に規定されることになろう。

---

**第○条　（引抜禁止）**

　乙は、本秘密保持契約の終了から○年間、自己又は第三者のために、甲において秘密情報の開示に関与した役員・従業員を雇用し、また、これらに対して雇用を勧誘しない。

---

　開示者の従業員とともに、開示者の秘密情報を入手しようとすることを防止する条項である。通常目にする条項でないことは、競業禁止と同じである。

122　第3章　その他の注意すべき条項

# 10 データの取扱い

**POINT**

☑「データ」の用語には、内容と存在形態の両面の意味がある。
☑契約書で「データ」の語を使用する場合は、どちらか一方、又は双方をいうものかでその取扱いに相違が生じるので、用語の使用の意図を意識する必要がある。

## ❶ 秘密情報の対象となるデータ

　秘密情報の対象となるデータがある。「データ」というのは、情報の内容をいう場合（「患者のデータを集める」のような場合）とその情報の存在（記録）形態（「電子データ」等）をいう場合がある。
　「官民データ活用推進基本法」では、「この法律において「官民データ」とは、電磁的記録（電子的方式、磁気的方式その他人の知覚によっては認識することができない方式で作られる記録をいう。・・・）に記録された情報（・・・）であって、国（・・・）又は独立行政法人（・・・）若しくはその他の事業者により、その事務又は事業の遂行に当たり、管理され、利用され、又は提供されるものをいう。」（同法2Ⅰ）とし、電磁的記録に記録され、事務・事業の遂行にあたり、管理、利用又は提供される情報のことを「データ」としている。特にその内容には触れていない（ただし、管理、利用又は提供されるものであるので、その有用性は前提とされている）。
　「不正競争防止法」では、「この法律において「限定提供データ」とは、

業として特定の者に提供する情報として電磁的方法（・・・）により相当量蓄積され、及び管理されている技術上又は営業上の情報（・・・）をいう。」（同法2Ⅶ）とし、電磁的方法により相当量蓄積されているという存在形態面と技術上又は営業上の情報と内容面の双方を備えるものとしている。

「個人情報保護法」は、「この法律において「個人データ」とは、個人情報データベース等を構成する個人情報をいう。」（同法2Ⅵ）とし、「個人情報データベース等」が必ずしも電磁的記録によるものではないため、「個人データ」は、個人情報データベース等を構成する個人情報として、存在形態面と個人情報という内容面の双方を備えるものといえる。

いずれの法律も「この法律において」と断っているように、法律の目的はそれぞれなので、データのとらえ方もそれぞれである。

秘密保持契約書で秘密情報として「データ」を使用するときは、内容面、存在形態面のいずれの場合もあり、特にそれで差支えはない。あえて「電子データ」といえば、電磁的に記録されているという存在形態に力点が置かれているものとみて差支えはない。

ただし、「データ」という場合、情報の内容なのか、その存在形態なのか（単に「データを抹消する」のような場合）、当該用語の使用の意図を意識しておくと、実態に応じた条項を作成できるのではないかと思われる。

## ❷ 管理・返還に伴うデータの特定についての留意点

データの格納媒体を伴わないデータ自体は、どこに存在するのか外部からは不明であり、その管理状況、返還方法等注意を要する。

管理の場合、データの記録媒体を、コンピューター〇台などと限定する方法がある。

また、返還方法については、「データを消去」といっても、何処から消去なのか特定できないと消去の実施が確認できない。

例えば、「○○の情報をその記録したハードディスク、CD - ROM、USB メモリその他の記録媒体から消去又は当該記録媒体の廃棄」というように結局は記録媒体で特定せざるを得ない。

# 第4章

# 企業内の秘密保持

# 1　秘密保持誓約書

## POINT

- ☑ 採用時には、退職する際の事項を盛り込んだ秘密保持誓約書を徴求する。
- ☑ 会社の重要な情報は、従業員に認識できるように、誓約書に例示する。
- ☑ 従業員が開拓した営業先の情報も会社の情報的財産であることを認識させる。
- ☑ 在職中に秘密保持誓約書を徴求することもできる。
- ☑ 退職時には、現実の秘密情報の返還及びその確認ができるよう体制づくりをしておく。

### ❶　秘密保持「契約書」と「誓約書」

　秘密保持契約では、必要な範囲の役員、従業者に秘密情報を開示でき、その場合、これらの者に秘密保持義務を課することになっている。

　これまでは、社外との取引における秘密保持契約について検討してきた。会社内にも、情報管理に関する規定があるが、個別に秘密保持誓約書を取得しておくのが安全である。本章では、従業員の採用時と退職時の秘密保持誓約書について解説する。これに関し、秘密保持契約にも、次のような条項を設けることがある。

> **秘 密 保 持 契 約 書**
>
> 第○条　（退職者等に対する措置）
>
> 　甲及び乙は、相手方の秘密情報に接した自己の役員又は従業員が退任又は退職する場合、それらの者から秘密保持に関する誓約書等の書面を徴し、その退任、退職後も当該秘密情報が目的外に使用され、また、第三者に開示されないように適切な措置を講ずるものとする。

## ❷　採用時の秘密保持誓約書の条項

　以下、本書ひな形4の採用時誓約書（168～170ページ）の条項に従い、採用時の秘密保持誓約書の内容を解説する。なお、採用された際は、会社が別途定める秘密情報管理規定が適用され、秘密情報の取扱いの詳細は、そこで定めることになる。したがって、採用時の誓約書は、注意喚起が必要な重要事項と退職後の振舞いに重点が置かれることになる。

### （1）題名・冒頭

> **誓　約　書**
>
> 　私は、今般、貴社に採用されるに際し、本誓約書記載の事項を遵守することを誓約いたします。
>
> 　　　　　　　　　　　　　　　　　　☞ ひな形4（168ページ）

　当事者の一方が、片務的に義務を負うものとして差し入れるタイプの契約書である。そのため「誓約書」という題名が適している。契約の申込書面であるが、宛先の会社は、受領によって承諾したことになるので、契約は成立する。ちなみに、提出者が、別の事項を書き込んだときは、会社の受領によって、契約は成立しない。なぜならば、会社の認識していない内容の誓約書であれば、単に受領によって承諾したことにならな

1. 秘密保持誓約書　129

いというのが社会通念であり当事者の合理的な意思だからである。

---

1．私は、次に例示する貴社の技術上、営業上その他貴社にかかるすべ
ての情報（以下「秘密情報」という。）について、会社が公開した場
合又は社内規定により許諾されている場合を除き、手段方法にかかわ
らず、一切使用又は開示しません。また、権限なく秘密情報にアクセ
スしません。

① 製品の検討、開発、製造、販売等にかかわる情報

② 仕入価格及び価格設定等に関する情報

③ 財務、予算、人事及び経営に関する情報

④ 各種マニュアル、顧客名簿、販売資料、各種調査情報

⑤ 取引先に関する情報、取引先から受領した秘密情報

⑥ 以上のほか、貴社にかかわる、又は貴社が保有する非公開の一切
の情報

☞ ひな形4（168ページ）1．

---

　重要な情報は列記した方が認識しやすく、規範が働きやすい。使用及
び開示の例外を「会社が公開した場合又は社内規定により許諾されてい
る場合」に限定したのは、双方とも基準が明確であることによる。社内
規定には権限規定や情報管理規定を含むので、社内の秘密情報へのアク
セスや秘密情報の利用については、これらの規定類に従えばよいことに
なる。

　例示には、一般に会社として重要な情報、特にその会社で重要と考え
られる情報、漏洩しやすい情報など、会社ごとに工夫が必要である。

## （2）情報混入リスク防止

---

2．私は、他人の秘密情報につき、次のとおり誓約します。

(1)　従前の勤務先等から不正に取得したことはありません。

（2） 当社の事業に使用し、又は当社の役員・従業者に開示しません。

（3） 貴社に送信し、又はその記録、記載された媒体を、貴社に持ち込みません。

☞ ひな形 4 （168ページ） 2．

　採用時は、従前勤務していた会社等の他人の秘密情報を持ち込まれると、後日紛争が生じるおそれがある。近時、元役員・元従業員が他社の利益のために従前就任・勤務していた会社の営業秘密を使用等したとして不正競争防止法により逮捕等された事例が散見されており、同業者からの転職者には、従前勤務していた会社の秘密情報を持ち込ませないようにする必要がある。

## （3） 秘密情報の帰属

3．貴社の顧客情報、経営情報、技術情報及びその他秘密情報は、私が取得、開発、創出したものであっても、貴社の業務に関連して取得等したものであり、当該秘密情報は貴社に帰属することを確認します。秘密情報以外の貴社の業務に関連する私の著作、発明、考案、意匠その他の知的財産についても同様とします。また、在職中、退職後を問わず、上記秘密情報及び知的財産の権利を貴社に帰属させるために必要な手続に協力し、また、その権利が私に帰属する旨の主張をしません。

☞ ひな形 4 （168ページ） 3．

① 業務上取得等した秘密情報の所属

　会社の秘密情報は、従業者個人が創出したとしても（業務としての顧客開拓により得た顧客情報等）、会社の業務として知得した以上、会社の情報財産である。第一文には、この当然の理を記載している。

1．秘密保持誓約書　131

② 知的財産権についての再確認

　知的財産権については、あえて記載するまでもないが、注意喚起を目的としている。

　会社で生じる知的財産は、著作物、発明（特許）、考案（実用新案）、意匠、商標、ノウハウなどが一般的である。このうち、発明、考案、意匠については、職務発明規定で取扱いを定めることになる。この発明者等は、自然人であるが、会社は発明者等から特許等を受けることができる地位を原始的に又は譲り受けて特許権者等となることができる（特35等）。商標権は、商品・サービスの名称、ロゴ等を会社として出願し登録する。商標の創出に関与した従業者等には何ら権利はない。

　著作権は、上記の産業財産権（特許庁が取り扱う特許権、実用新案権、意匠権及び商標権の４つ）とは異なり、登録不要の無方式で成立し、職務上の著作物の著作者は、原始的に会社となる（著15）。

　したがって、産業財産権のうち、特許権、実用新案権及び意匠権は、職務発明規定により、権利を受けることができる地位を、会社に原始的又は譲渡を受けて帰属させることができ、商標権は、そもそも創出した従業者に何の権利もなく、また、著作権は、職務上の著作物であれば、原始的に会社が著作者として著作権を取得できる。

　ノウハウは、権利として出願せずに、会社内で秘匿する財産的情報なので、会社の秘密情報として取り扱えばよい。

　以上のとおり、業務上生じる知的財産権については、特に会社に帰属することを誓約させなくとも法的な整備はできている。

③ 知的財産権取得のための協力義務

　知的財産権を会社に帰属させるために必要な手続きに、従業者個人が協力する事態はあまり想定できない。会社に無断で、職務発明について自己名義で特許出願するなどの違反行為を行った場合に、その名義移転手続に協力を求めることなどが考えられる。このような異常事態の対応として、上記協力義務を規定しておくこともリスク対応である。

## （4）秘密情報の保持・返還

4．私は、貴社から開示、提供された次の秘密情報等（以下「貴社秘密情報等」という。）を、在職中は、貴社の秘密情報管理規定に従い、厳に秘密として保持し、不要な複製の作成、目的外の使用、第三者への開示等をしません。

① 秘密情報及びこれに関する資料、媒体、データ並びにこれらの複製

② 貴社又は業務に関する図書、書類、図面、ネガを含む写真、電磁的記録並びに製品、コンピュータープログラム、サンプル及び研究開発中の製品、装置・設備その他これらに関連するパンフレット、メモ、データその他一切の資料並びにそれらの複製

③ 以上のほか、貴社が指示するもの

（2） 退職の際は、貴社秘密情報等を貴社に返還し、返還を貴社と確認のうえ返還確認書を提出いたします。また、私が保存したデータ（複製を含む。）は、貴社の指示に従い、媒体に保存されたまま返還し、又は貴社指定の媒体に移動若しくは送信して返還（この場合、保存したデータそのものは消去）します。

（3） 退職後は、自ら又は第三者をして、貴社秘密情報等を保持しません。

☞ ひな形4（169ページ）4．

### ① 在職中・退職時の規律

在職中の秘密保持と、退職時及び退職後の規律である。在職中の秘密保持については、1項と重なる部分もあるが、本項は、会社から示された秘密情報の取扱いを具体化したものである。不要な複製の作成の禁止を明確化しておくことは、転職準備のためにデータを複製するような場合の牽制となる。

退職時及び退職後の規律については、退職時にあらためて同種内容の

1．秘密保持誓約書　133

誓約書の提出を求める例も多いが、その内容に違反するおそれのある従業員であれば、容易に退職時誓約書を取得できないことも想定しておく必要がある。したがって、入社時の誓約書にもあらかじめ規定しておく。

　返還を求める対象であるが、秘密情報、秘密情報の資料・媒体、秘密情報が化体されている有体物・ソフトウェア、その他に分類される。従業員が保存したデータ（複製を含む）の返還方法は、会社貸与のパソコンに保存したまま返還するか（これが通常）、又は会社が指定したUSB等の媒体に移動し若しくは送信して返還、かつ、保存したデータそのものの消去が想定される（データが社外にあるような場合）。

② 　秘密情報の返還に関する裁判例

　ところで、会社は退職する従業員に対し「秘密情報」そのものの返還を求めることができるであろうか。

　誓約書の次の条項に基づき、「秘密情報」そのものの返還が求められるか否かが争われた事例がある（大阪地判平29・10・19裁判所HP）。

裁判で問題となった条項

> 　私は、貴社の秘密情報（営業秘密情報及び個人秘密情報）に関して、以下の事項を遵守することを誓約いたします。
> ・・・
> 第○条　機密資料の保管・返還
> 　貴社在職中は、私が保管を命ぜられた貴社の営業秘密情報及び個人秘密情報に関する資料類（製品、試作品、文書、データ、図面、電子媒体等一切）を責任を持って保管し、第三者に漏えいせず、また、貴社退職時にはこれらすべての資料を貴社に返還すること。

　裁判所は、「資料類」という用語から、その対象は、情報が記録されたところの有形の媒体を指すものと解するのが自然であるなどの理由により、有形物ではない情報そのものの返還請求は認められないものとしている。

134　第4章　企業内の秘密保持

情報そのものの返還は、返還の態様が特定できないので（何をもって返還といえるのか。頭の中の情報はどうするのか）、上記条項の解釈にかかわらず、できないと解する余地もあるが、媒体に記録してそれを提供するとともに、保有しているデータを消去すれば、社会通念上「返還」といえるものとして、これを肯定する考え方もできる（返還の不可能な頭の中の情報は、使用、開示の禁止で対応することになる）。上記ひな形4・4項(2)は、このような観点も踏まえ、情報の返還を、それを媒体に移動して返還し、ないし電磁的方法により送信して返還し、かつ、元のデータを消去するものとして、秘密情報の返還の態様を明確にした。

## （5）調査協力（退職後）

> 5．私は、退職後といえども、貴社における内部不正及び情報漏えいに関する通報又は発生に際し、貴社から個人の電磁記録媒体の提出を求められた場合並びに私が貴社に遵守することを誓約した事項に反する疑いが生じ調査を求められた場合は、これに協力します。
>
> ☞ ひな形4（169ページ）5.

　秘密情報の漏洩が発覚するのは、概して当該従業員が退職した後のことである。そこで、退職後の調査協力義務を定めた。協力義務を定めても、本人が漏洩を否定したり、調査に応じなかった場合は、実効性を欠くが、調査協力を求められること自体、相応の牽制が働くことになる。また、紛争解決手段を仲裁と定める場合には、調査に応じることを求める仲裁を申し立てることもできる（訴訟は、請求が特定しにくいので難しい）。

1．秘密保持誓約書　135

## （6）顧客への接触禁止（退職後）

> 6．私は、退職後、貴社の顧客に対して、貴社の顧客（過去の顧客、見
> 込顧客として記録された者を含む。）に対して、面談、書面、電子メ
> ールその他方法の如何を問わず、接触しません。
>
> ☞ ひな形4（169ページ）6．

　在職中に営業開拓をした顧客については、元従業員も自己が開拓した
という印象が強いせいか、退職して競業会社に就職した後に、勧誘をす
ることがある。しかし、その顧客は、従前の会社の情報資産であるので、
競業行為に使用されるわけにはいかない。ただし、人間的なつながりを
完全に否定することもできないので、競業行為でもなく、また、会社の
秘密情報を使用しない場合にまで、本項で接触禁止を求めることは、困
難である（条項の合理的解釈ないし権利濫用）。

## （7）競業避止

> 7．私は、貴社退職後2年間は、貴社の事前の書面による承諾なしに、
> 貴社勤務中に私が担当した業務にかかる貴社の事業と競合する企業に
> 就職し、又は役員として就任すること、又は自ら若しくは第三者をし
> て上記の貴社の事業と直接競合する事業を営みません。貴社の上記承
> 諾を得る際は、誠実に協議をします。
>
> ☞ ひな形4（169～170ページ）7．

　会社としては、退職従業員の秘密情報の無断使用・開示を避けるため
に、競業避止は有効な手段となる。しかし、競業避止というのは、個人
の営業の自由、職業選択の自由という基本的な人権の制約となるので、
競業避止規定が有効と判断されるためには一定の基準を満たさなければ

ならない。

　有効性の基準としては、契約の存在（主として、入社時・在職時・退職時の誓約書、就業規則）、対象者の職務上の地位（会社の秘密情報に接する立場にあるか否か）、競業避止期間、代替措置（競業避止手当又はこれに準ずる措置）、競業禁止地域が挙げられる。

　競業避止期間の定めがないと、退職者の職業選択の自由等の過度の制約となるので競業避止の効力が否定されるが、長期では3年の競業避止期間が秘密保持のために合理的とされた裁判例もある（東京地判平22・10・27判時2105・136）。しかし、3年を有効とした裁判例は珍しく、これを除けば、せいぜい2年が上限であり、また、2年でも過度な制限とされた裁判例もある。裁判所は、退職者の業務内容、会社の秘密情報の内容、代替措置等を総合的に考慮して、判断している様子が見受けられる。

## （8）引抜禁止

> 8．私は、貴社退職後2年間、自己又は第三者のために、不当に貴社の役員及び従業員を雇用し、また、これらに対して雇用を勧誘しません。
>
> 　　　　　　　　　　　　　　　☞ ひな形4（170ページ）8．

　引抜禁止も誓約書でしばしばみられる条項であり、また、その有効性や範囲につき、裁判で争われることがある。「不当に」というのは、自由競争の範囲内で、人間関係を頼って退職者に付き従う人まで、雇用できないとするのは不合理であることを意味しており、「不当に」の語がなくても同様の解釈となる。

## （9）損害賠償

> 9．万一、前各項の規定に違反した場合には、私は、私に民事・刑事の法的な責任が生ずることを十分に理解するとともに、前記違反により

1．秘密保持誓約書　137

生じた貴社の損害に対してすべての賠償の責めを負うことを誓約します。

☞ ひな形4（170ページ）9.

　この損害賠償条項は、違反した場合は法律上の責任を負うという当然の内容であり、法的には、あえて規定する意味はない。しかし、誓約書の重みを感じさせる効果は想定できるので、規定しておくのが望ましい。

# ❸ 退職時の秘密保持誓約書の条項

　以下、退職時の誓約書の内容を解説するが、多くの条項は前記の採用時の誓約書と共通するので、ここでは重複を避けて、本書ひな形5の退職時誓約書の4項と9項を取り上げる。

## （1）在職中の秘密保持の確認等

4．私は、貴社在職中、貴社の秘密情報及び関連する資料を第三者に開示・漏えい・交付していないこと、並びに貴社の知らない貴社名義の書面（電磁的記録を含む。）の発行、契約の締結（発注、受注を含む。）及び書面への署名・押印をしていないことを誓約します。

☞ ひな形5（172ページ）4.

　本条項は、2種類の事項の確認となる。1つは、在職中、秘密情報等を第三者に開示等していないことの確認であり、もう1つは、会社の知らない会社名義の書面を作成していないことの確認である。もちろんこのような誓約書の条項が真実を保証するものではないが、漏えい等の事実が発覚する端緒ともなり、また、当人に対し違反行為があった場合の回復作業を動機づけることにもなる。

138　第4章　企業内の秘密保持

## （2）退職後の信用毀損行為の禁止

> 9．私は、今後とも、貴社の信用を低下させ、又は、貴社の業務を妨害するおそれのある言動を一切いたしません。
>
> ☞ ひな形5（173ページ）9．

　本条項は、秘密保持とは直接の関係はないが、SNS等で前勤務先の信用を損なう事実等を書き込むなどの行為及び不当な競業行為を牽制するために規定している。

# ❹ 誓約書徴求のタイミングと徴求できなかった場合の対応

　入社時に、退職時の秘密保持に関する誓約も求めているので、入社時誓約書にしっかりと規定されていれば、在職時、退職時にあらためて合意を求める事項は少ない。ただ、入社時から何年、何十年と経て、本人も入社時誓約書の存在、内容を完全に忘れている場合もあり、また、かなり以前のことであれば、入社時誓約書を徴求していなかったこともあろう。

　そのような意味で、在籍期間中又は退職時にあらためて誓約書を徴求する扱いが重要となる。

　在職期間中であれば、会社の情報管理規定を定める（改定する）際に、全従業員から秘密保持誓約書を徴求する扱いとするなどし、機会をとらえて、誓約書の徴求を実施すればよい。

　退職時の誓約書については、徴求できないまま当該従業員が退職してしまうこともある。その場合は、会社の秘密情報を保持する重要性と、一般的な守秘義務は、退職後も継続すること（従業員でなくなったからといって、会社の秘密情報が秘密でなくなることはない）、不正競争防止法（後記）により、会社の秘密情報を私的に持ち出すと刑事罰の対象

1．秘密保持誓約書　139

になることなどを、きちんと説明し、その記録を取っておくことになる。

　退職時に生じるのは、現実の秘密情報の返還（私物のパソコンその他の情報格納媒体からの消去）であり、その確認である。

　在宅勤務等会社の情報を会社外で取り扱う場合には、会社の情報が会社貸与の媒体以外の媒体（USB 等）に複製されている可能性もある。

　会社としては、実態に応じたチェックリスト（「会社が貸与した媒体以外に複製したことはありますか」等の質問項目に答えを求める）を作成し、退職者から情報流出していないことのチェックをして記録を残しておくのがよいであろう。

# 不正競争防止法による営業秘密の保護

### POINT

- ☑ 不正競争防止法による営業秘密の保護には、民事請求（差止、損害賠償）によるものと、刑事罰によるものがある。
- ☑ 第三者の営業秘密を保有している可能性がある者に、当該第三者の製品と競合する製品の開発、製作等を依頼する場合、不正な営業秘密の使用がされないよう「特に注意」すべき義務が生じる。
- ☑ 転職者が現在の会社の業務に従前の会社の営業秘密を使用した場合は、現在の会社自体が不正使用を知っていたと評価されることになる。
- ☑ 退職予定者が、業務上の必要なく、会社の営業秘密を自己の用意した記憶媒体に複製すると、その時点で、任務に背き不正の利益を得る目的による領得があったものとして、不正競争防止法により刑事罰を課せられる。

　不正競争防止法の定める営業秘密不正取得行為、営業秘密不正開示行為があると、民事事件に留まらず、刑事事件になる可能性もある。
　本節では、どのような場合に不正競争防止法の適用があるか解説する。

# ❶ 民事上の請求が可能となる行為

## （1）どのような請求ができるか

　不正競争防止法に基づく民事上の請求権は、大きく分けて、差止請求権と損害賠償請求権である（同法3、4）。そして、差止請求権をする際には、侵害行為を組成した物（侵害行為により生じた物を含む）の廃棄、侵害行為に供した設備の除却その他の侵害の停止又は予防に必要な行為を請求することができる（同法3Ⅱ）。

　差止請求を認容する判決の主文は次のようになる。

主文例1

---

**大阪地判平28.6.23裁判所HP**

1　被告らは、別紙「営業秘密目録」記載の各情報を使用し、又は第三者に開示してはならない。

2　被告らは、別紙「営業秘密目録」記載の各情報が記録された文書及び電磁的記録媒体を廃棄せよ。

（別紙）営業秘密目録
原告の別紙顧客目録記載の原告顧客に関する下記1及び2の情報

記

1　顧客別の売上情報（平成24年2月分）

2　顧客別の販売価率情報（平成24年2月分）

---

主文例２

> **東京地判平30.11.29裁判所HP**
>
> 1　被告Ｙ社は、別紙物件目録１記載のソフトウェアを生産し、使用し、譲渡し（電気通信回線を通じた提供を含む。）、貸し渡し、又はその譲渡若しくは貸渡しの申出（譲渡又は貸渡しのための展示を含む。）をしてはならない。
>
> 2　被告Ｙ社は、その占有にかかる別紙物件目録１記載のソフトウェアのプログラムを収納したフロッピーディスク、CD‐ROM、ハードディスク等の記憶媒体を廃棄せよ。
>
> ＊注：別紙の内容は不明であるが、被告Ｙ社の生産販売しているソフトウェアのソースコードの一部（全体のわずかの部分）である。

## （２）不正の手段により営業秘密を取得する行為（営業秘密不正取得行為）又はそのように取得した営業秘密を使用、開示する行為（不競法２Ⅰ④）

「営業秘密」とは、（ⅰ）秘密として管理されていること（秘密管理性）、（ⅱ）事業活動に有用な技術上又は営業上の情報であること（有用性）、（ⅲ）公然と知られていないもの（非公知性）の３要件を満たす情報をいう（不競法２Ⅵ）。

「不正の手段」には、社内の秘密情報に権限なくアクセスして情報を入手する場合を含む。

したがって、転職を考えている従業員が、権限がないのに、ID・パスワードで管理されている製品情報や顧客情報にアクセスして、それらの情報を取得することは、上記営業秘密不正取得行為に該当し、民事の責任が生じることになるが、さらに不正の利益を得る目的（転職先で有利になるように、その営業秘密の使用を企図して取得した場合等を含

む）又は営業秘密保有者に損害を加える目的があった場合には、後に述べるように刑事罰の対象ともなる（不競法21Ⅰ）。

なお、使用、開示は、取得した後の行為なので、取得だけ規制すればよさそうであるが、取得、使用、開示は別の行為類型であり、それぞれの行為が不正競争となるとすれば、いずれの時点の行為も差止請求の対象となり、営業秘密の保護が図られる。

## （3）営業秘密不正取得行為の介在を、取得の際に知っていた（悪意）又は知らないことに重過失がある場合に、その営業秘密を取得、使用、開示する行為（不競法2Ⅰ⑤）。

会社が、転職者の営業秘密不正取得行為につき、悪意・重過失により当該営業秘密を取得、使用、開示した場合には、不正競争防止法違反となる。このため、転職者に対しては、前職の営業秘密を持ち込まないことの誓約を求める意味がある。外部（転職者の前勤務先、捜査当局）から疑われたときは、当該誓約書の文言が意味を持つ。

不正競争防止法2条1項8号の事案であるが、重過失の判断につき、次のように述べた裁判例がある（上記(2)主文例2の判決）。

> 被告Yは、被告ソフトウェアが原告ソフトウェアと同種の製品であり、・・・被告ソフトウェアの開発を具体的に行うBが原告ソフトウェアの開発に携わった者の一人であったことは認識していたと認められる。これらのことから、<u>被告Yは、被告ソフトウェアの具体的な開発を委託したBによる被告ソフトウェアの開発過程等において違法行為が行われないよう特に注意を払うべき立場にあった。</u>不競法2条1項8号にいう<u>重過失とは、取引上要求される注意義務を尽くせば容易に不正開示行為等が判明するにもかかわらずその義務に違反した場合をいうところ</u>、被告Yにおいて、・・・<u>注意義務を尽くせば被告ソフトウェアの開発過程等においてBの不正開示行為が介在したことが容易に判明したといえ</u>、被告Yは、少なくとも重過失により、原告の営業秘密である類似箇所1

ないし3をBから取得し、それらを被告ソフトウェアに用いて販売した
と認めるのが相当である（不競法2条1項8号）。

このように、第三者の営業秘密を保有している可能性がある者に、当
該第三者の製品と競合する製品の開発、製作等を依頼する場合、不正な
営業秘密の使用がされないよう「特に注意」すべき義務が生じる。した
がって、この場合、それを回避する措置をとらないと、重過失が認定さ
れる可能性がある。

## （4）営業秘密不正取得行為の介在につき、取得後に悪意・重過失 がある場合に、営業秘密を使用、開示する行為（不競法2Ⅰ⑥）

会社としては、転職してきた従業員から、知らずに（善意）、かつ知
らないことに重過失なく、その前職の営業秘密を取得したが、使用する
前又は使用の過程で悪意・重過失があるときは、以後の使用、開示は、
不正競争防止法違反となる。

## （5）会社から営業秘密を示された場合に、不正の利益を得る目的 で、又は会社に損害を加える目的で、その営業秘密を使用し、 又は開示する行為（不競法2Ⅰ⑦）

業務上、会社からアクセス権限を付与されてその営業秘密を知った者
が、転職先でその営業秘密を使用する場合などである。

**大阪地判平29. 10. 19**（前出　2章6節❷）
　X社の元従業員Yは、在職中、開発業務に従事していたが、退職申出
後に、業務に際しX社から示された技術情報を会社支給ではない媒体に
記録して持ち出し、その営業秘密の不正取得等を理由に懲戒解雇された。
そして、Yは、現に競業会社Aの業務に協力している。
　裁判所は、差止、廃棄について、次のとおり判決した。
1　被告は、・・・別紙1営業秘密目録の目録番号1ないし8・・・記

2. 不正競争防止法による営業秘密の保護　145

載の営業秘密を、アルミナ繊維を用いた製品の製造販売に使用し、又はこれを開示してはならない。

2　被告は、前項記載の営業秘密に係る電子データ及びその複製物を廃棄せよ。

## （6）上記（5）の開示行為又は転職者の前職における秘密保持義務に違反する開示行為（これらを「営業秘密不正開示行為」という）であること、又は営業秘密不正開示行為が介在したことにつき、悪意・重過失により当該営業秘密を取得、使用、開示する行為（不競法2Ⅰ⑧）

　上記（5）の開示の場合又は秘密保持義務に違反して開示された場合、会社が悪意・重過失により当該営業秘密を取得等したときは、不正競争防止法違反となる。

　この「取得」について、次の裁判例がある（上記(1)主文例1の判決）。

　被告ら転職者が被告会社従業員としてした原告顧客に対する営業活動により、被告会社は、図利加害目的で開示された営業秘密であることを知って本件情報を取得して使用していたものということになり、この行為は不競法2条1項8号の不正競争に該当するというべきである。

　このように、現在の会社において、転職者が会社の業務に従前の会社の営業秘密を使用した場合は、現在の会社自体が知っていたと評価されることになるので、注意が必要である。

**（7）取得後にその営業秘密について営業秘密不正開示行為があっ
たこと若しくはその営業秘密について営業秘密不正開示行為
が介在したことにつき、悪意・重過失により当該営業秘密を
使用、開示する行為**

　情報の取得後に、当該情報につき秘密保持義務違反等があったことを
知った場合に、さらに使用又は開示する行為も不正競争となる。

## ❷ 刑事罰の対象となる行為

### （1）どのような行為が対象となるか

　営業秘密にかかる不正競争防止法の罰則の適用は、様々な領得、使用、
開示の態様に及び、相応に広範囲といえるが、ここでは、そのうちいく
つかを紹介する。

　次の者は、10年以下の懲役若しくは２千万円以下の罰金に処せられ、
又はこれを併科する。

① 　不正の利益を得る目的又は保有者に損害を加える目的（以下「図
　利加害目的」という）で、不正アクセスその他の保有者の管理を害
　する行為（以下「管理侵害行為」という）により、営業秘密を取得
　した者（不競法21Ⅰ①）

② 　管理侵害行為等により取得した営業秘密を、図利加害目的で使用
　又は開示した者（同②）

③ 　営業秘密を保有者から示された者であって、図利加害目的で、管
　理任務に背き、次のいずれかの方法で営業秘密を領得した者（同
　③）又は図利加害目的なく同様に次のいずれかの方法で領得した者
　であって、図利加害目的で、管理任務に背き使用又は開示した者
　（同④）

　　イ 　営業秘密記録媒体等又は営業秘密が化体された物件の横領

2. 不正競争防止法による営業秘密の保護　147

ロ　複製の作成

ハ　消去すべき営業秘密記録媒体等の記載・記録を消去せず、又は消去の仮装をすること。

## （2）不正競争防止法にかかる刑事裁判例

例えば、次のような事例が罪に問われる。

---

**最決平30.12.3裁判所HP**

被告人は、自動車の製造販売業のA社に勤務し、会社から付与されたID・パスワードにより、その営業秘密にアクセスできる立場にあったところ、勤務先を退職し同業他社へ転職する直前に、営業秘密であるデータファイルを私物のハードディスクに複製するなどして、その営業秘密の管理に係る任務に背き、営業秘密を領得した。

---

不正競争防止法21条1項3号ロの事件である（懲役1年、執行猶予3年）。

上記判例は、営業秘密の使用、開示まで至っていないこともあり、同法21条1項3号の要件である「不正の利益を得る目的」の存否が争われた。最高裁は、当該複製が勤務先の業務遂行の目的によるものではなく、その他の正当な目的の存在をうかがわせる事情も認められないため、被告人自身又は転職先その他の勤務先以外の第三者のために退職後に利用することを目的としたものであったことは合理的に推認できるものとして、不正の利益を得る目的を認定し、原審の有罪判決を維持した。

このように、転職予定の退職者が、会社の秘密情報を私物のハードディスク等の媒体に複製する例はありがちであるが、それ自体で犯罪（既遂）となるので、十分注意が必要であり、また、会社としては、秘密情報の取扱いに関する研修において、従業員等にその危険性を周知させておく必要がある。

次は、同じく不正競争防止法21条１項３号ロの適用事件であるが、大
量の顧客情報が領得され一部が売却されて社会的にも大きな問題となっ
た事件である（懲役２年６月、罰金300万円の実刑）。

---

**東京高判平29.3.21裁判所 HP**

　被告人は、通信教育等を業とするＡ社がＢ社に業務委託したＡ社の情
報システムの開発等の業務に従事し、顧客情報が記録されたＡ社のサー
バに業務用 PC からアクセスするための ID・パスワード等を付与されて
いたが、不正の利益を得る目的で、その営業秘密の管理に係る任務に背
いて、〔１〕２度にわたり、業務用 PC を操作して、本件顧客情報が記録
された本件サーバにアクセスし、合計約2989万件の顧客情報のデータを
ダウンロードして業務用 PC に保存した上、これと USB ケーブルで接
続した自己のスマートフォンの内臓メモリ又はマイクロ SD カードにこ
れを記録させて複製する方法により、上記顧客情報を領得し、〔２〕上
記顧客情報のうち約1009万件の顧客情報について、インターネット上の
大容量ファイル送信サービスを使用し、サーバコンピュータにこれらを
アップロードした上、ダウンロードするための URL 情報を名簿業者に
送信し、同人が使用するパーソナルコンピュータに上記データをダウン
ロードさせて記録させることにより、これらの顧客情報を開示した。

---

　Ｂは、ＡとともにＣの子会社であり、主にＡの各種システムの開発、
運用、保守等を行っていた。上記控訴審では、原判決で言及されなかっ
たＡ及びＢにおける顧客情報の管理の不備と、被害拡大の一因として、
対応の不備があると指摘し、「本件における被害者側の落ち度は大きい
というべきであって、本件の結果をひとえに被告人の責めに帰するのは
相当でない」として、懲役３年６月の判決を破棄し、懲役２年６月とし
た。上記高裁判決は、情報管理にどのような不備があったかについて、
次のように説示する。少し長いが、管理の参考になるので、該当部分を
掲載する。

2. 不正競争防止法による営業秘密の保護　149

Bにおける本件顧客情報の管理体制については、〔1〕本件データベースには、アカウントを通じてアクセス制限が行われていたものの、そのアカウント情報がBの共有フォルダ内に蔵置されていて、閲覧可能であったこと、〔2〕私物のスマートフォンの執務室への持ち込みが禁止されていなかったこと、〔3〕本件データベースにはアラートシステムが導入されていたが、実際には機能していなかったことなどの点で、不備があったと認められ、これらの点は、本件の発覚後にA社内に設けられた個人情報漏えい事故調査委員会の調査報告においても、指摘されているところである。加えて、・・・Bにおいては、相当数の業務委託先会社に所属する従業員を、パートナーと称し、実態は派遣労働者として受入れ、本件システムの開発等の業務に従事させていたものである。特に、被告人は、3次派遣の労働者に該当し、Bの上長においても、被告人の所属先会社を正確には把握していない状態であった。システムエンジニアリングの業界においては、変動する労働力の需要に対応するため、このような安易かつ脱法的な労働力の確保が常態的に行われていたことがうかがえるが、Aのような大手企業が子会社であるBを通じてこのような方法を採り、同社にとって経歴等が詳らかでない者に、経営の根幹にかかわる重要な企業秘密である本件顧客情報へのアクセスを許していたということは、秘密情報の管理の在り方として、著しく不適切であったといわざるを得ない。したがって、A等がこのような労働者に本件顧客情報へのアクセスを許したからには、秘密漏えい対策を講じたとしても、それに伴って生じる危険もある程度甘受すべき立場にあったといえる。また、上記〔3〕のアラートシステムについても、これが正常に機能していれば、被告人が同種の情報漏えい行為を行った比較的早い段階で、Bがこれを察知し、更なる被害拡大に対する防止策を立てることが可能であったと思われるのに、アラートシステムが全く機能していなかったため、約1年間にわたって被告人の同種行為が放置され、外部からの通報によりようやく本件が発覚したのであって、被告人が同種行為を反復継続したことが責められるべきであるとしても、被害が拡大したこ

との原因の一端は、B側の対応にもあるというべきである。

　特に「経歴等が詳らかでない者に、経営の根幹にかかわる重要な企業秘密である本件顧客情報へのアクセスを許していた」という説示は、近時技術者不足で必要な人材を外注先に任せきりの企業にとって、緊急に対応を要するポイントである。

# 巻末資料

ひな形1　秘密保持契約書(基本形)
ひな形2　秘密保持契約書(詳細な形)
ひな形3　経済産業省・参考条項
ひな形4　採用時誓約書
ひな形5　退職時誓約書

**ひな形1** 秘密保持契約書（基本形）

## 秘 密 保 持 契 約 書

_____（以下「甲」という。）と_____（以下「乙」という。）は、甲乙間に相互に開示される秘密情報の取扱いに関して、次のとおり契約を締結する。

### 第1条（目的）

　本契約は、甲及び乙が、次の目的（以下「本目的」という。）に関して、相互に開示する秘密情報の取扱いを定めるものとする（以下、秘密情報を開示する当事者を「開示者」、これを受領する当事者を「受領者」という。）。

　　　　　　　目的：　○○に関する検討

### 第2条（秘密情報）

1．本契約において秘密情報とは、本契約期間中、受領者が開示者又はその指定する者から開示を受けた情報であって次の各号の一に該当するものをいう。また、秘密情報の複製並びに秘密情報を記載又は記録した媒体は、秘密情報とする。

　(1)　技術、設計、財務、事業計画、企画その他関係する資料の内容が有体物、電磁的記録、映写その他開示の結果を客観的に認識できる状態（情報が暗号化された状態を含む。）により、かつ秘密であることを明示して開示される情報

　(2)　秘密であることを告知したうえで口頭その他前号以外の方法にて開示される情報であって、開示後7日以内に、当該情報を秘密として特定し、かつ秘密である旨の表示を付した書面が交付され、又は電磁的方法により通知されたもの

　(3)　性質上又は法令上秘密として取り扱われる情報

154　巻末資料

2．前項にかかわらず、次の各号の一に該当することを受領者が証明できる情報は、本契約における秘密情報として取り扱わないものとする。

 (1) 開示の時、既に公知であった情報

 (2) 開示後、受領者の責めに帰すべき事由によらず、公知となった情報

 (3) 開示の時に既に受領者が保有していた情報

 (4) 開示する権利を有する第三者から秘密保持義務を負うことなく適法に入手した情報

 (5) 受領者が開示を受けた秘密情報によらずに独自に開発した情報

 (6) 開示者が秘密保持義務を課することなく第三者に開示した開示者の情報

## 第3条（秘密保持）

1．受領者は、秘密情報を厳重に秘密として保持し、書面による開示者の承諾を事前に得ることなく、秘密情報を本目的以外に一切使用してはならないものとし、また、秘密情報をいかなる第三者に対しても開示しない。

2．受領者は、善良な管理者の注意をもって秘密情報を管理する。

3．受領者は、秘密情報を、当該秘密情報を知る必要のある最小限の自己の役員、従業員（派遣従業員を含む。）、関係会社（会社計算規則の定義による。）におけるこれらと同様の者、弁護士、公認会計士又はコンサルタントのみに開示するものとし、当該受領者に対して本契約と同等の義務を負わせるものとする。

4．受領者は、秘密情報につき、漏出、紛失、盗難、押収等の事故が発生した場合又は発生のおそれがあることを認識した場合は、直ちにその旨を開示者に連絡し、開示者の指示に従い適切な対応をするものとする。

5．受領者は、本目的のために合理的に必要な最小限度の範囲で行う場合を除き、開示者の事前の書面による承諾を得ることなく、秘密情報を複製しない。また、受領者は、秘密情報を複製した場合、当該複製につき、開示者の秘密情報である旨の表示を付し、原本と同等の保管・管理をする。

6．受領者は、開示者が特に指定する秘密情報については、開示者の指示に応

ひな形1　秘密保持契約書（基本形）　155

じて、複製の制限・管理、保管方法、接触可能人員等の規制手段を講じなければならない。

7．受領者は、国、地方公共団体、裁判所その他これらに準ずる機関から法令上の根拠に基づき秘密情報の開示を求められたときは、直ちに開示者と協議を行い、法令上強制される必要最小限の範囲、方法により当該機関に対し開示を行う。


## 第4条（秘密情報の返還）

受領者は、本目的が終了した時若しくは本契約が終了した時又は開示者が求めたときはいつでも、開示者から受領した秘密情報を直ちに返還又は開示者の許諾を得て廃棄するものとし、また、開示者が求めた場合にはいつでもこれらを返還又は廃棄した旨の確約書を相手方に交付する。


## 第5条（義務の不存在）

1．甲及び乙は、本契約に基づき相手方に対し何らの秘密情報の開示義務を負わない。

2．本契約に明示的に規定されているほかは、甲及び乙は、秘密情報について何らの権利（特許権、著作権、ノウハウその他の知的財産権に関する権利を含む。）も相手方に許諾しない。

3．甲及び乙は、本契約の締結及び本契約に基づく相手方に対する秘密情報の開示により、甲乙間で何らかの取引を開始することを約束するものではない。


## 第6条（秘密期間）

1．本契約の期間は＿＿年＿＿月＿＿日から2年間とする。

2．秘密情報は、本契約の終了時からさらに5年間本契約により秘密として保護されるものとする。ただし、この期間を超える場合であっても、当該秘密情報は、開示者の財産として留まるものとし、また、不正競争防止法その他の法律により保護されることを妨げない。

## 第7条（権利の譲渡禁止等）

　甲及び乙は、事前の書面による相手方の承諾を得ることなく、本契約上の地位及び本契約により生じた権利義務の全部又は一部を第三者に譲渡し、又は承継させない。

## 第8条（仲裁）

　本契約には日本法が適用され、また、本契約から又は本契約に関連して、当事者の間に生ずることがあるすべての紛争、論争又は意見の相違は、一般社団法人日本商事仲裁協会の商事仲裁規則に従って、東京において仲裁により最終的に解決されるものとする。

　以上の合意の証として、本書2通を作成し、甲乙記名押印のうえ、各1通を保有する。

　　　　　　年　　　月　　　日

甲

乙

**ひな形 2** 秘密保持契約書（詳細な形）

# 秘 密 保 持 契 約 書

＿＿＿＿＿＿＿＿＿（以下「甲」という。）と＿＿＿＿＿＿＿＿（以下「乙」
という。）は、甲乙間に相互に開示される秘密情報の取扱いに関して、次のと
おり契約を締結する。


## 第1条（目的）

1．本契約は、甲及び乙が、次の目的（以下「本目的」という。）に関して、
   相互に開示する秘密情報の取扱いを定めるものとする（以下、秘密情報を開
   示する当事者を「開示者」、これを受領する当事者を「受領者」という。）。

目的：取引の検討、準備及び実施

2．開示者及び受領者には、甲又は乙の関係会社が含まれるものとし、当該関
   係会社による開示及び受領は、甲又は乙が、本秘密保持契約に従い開示及び
   受領をしたものとみなし本契約の定める一切の責任を負う。


## 第2条（秘密情報）

1．本契約において秘密情報とは、本契約に基づき、受領者が開示者又はその
   指定する者から開示を受けた情報であって次の各号の一に該当するものをい
   う。また、秘密情報の複製並びに秘密情報を記載又は記録した媒体は、秘密
   情報とする。

   (1) 技術、設計、財務、事業計画、企画その他関係する資料の内容が有体物、
       電磁的記録、映写その他開示の結果を客観的に認識できる状態（情報が
       暗号化された状態を含む。）により、かつ秘密であることを明示して開示
       される情報

   (2) 秘密であることを告知したうえで口頭その他前号以外の方法にて開示
       される情報であって、開示後7日以内に、当該情報を秘密として特定し、

158　巻末資料

かつ秘密である旨の表示を付した書面が交付され、又は電磁的方法により通知されたもの

(3) 性質上又は法令上秘密として取り扱われる情報

2．前項にかかわらず、次の各号の一に該当することを受領者が書面で合理的に証明できる情報は、本契約における秘密情報として取り扱わないものとする。受領者は、上記情報であることを知ったときは、速やかに書面で開示者に通知する。

(1) 開示の時、既に公知であった情報

(2) 開示後、受領者の責めに帰すべき事由によらず、公知となった情報

(3) 開示の時に既に受領者が保有していた情報

(4) 開示する権利を有する第三者から秘密保持義務を負うことなく適法に入手した情報

(5) 受領者が開示を受けた秘密情報によらずに独自に開発した情報

(6) 開示者が秘密保持義務を課することなく第三者に開示した開示者の情報

3．開示者は受領者に対し、本契約の目的に必要のない情報を、秘密情報に含めないようにして開示するよう努力する。


## 第3条（秘密保持）

1．受領者は、秘密情報を厳重に秘密として保持し、書面による開示者の承諾を事前に得ることなく、秘密情報を本目的以外に一切使用してはならないものとし、また、秘密情報をいかなる第三者に対しても開示しない。

2．受領者は、善良な管理者の注意をもって秘密情報を管理する。

3．受領者は、秘密情報を、当該秘密情報を知る必要のある最小限の自己の役員、従業員（派遣従業員を含む。）、関係会社（会社計算規則の定義による。）におけるこれらと同様の者、弁護士、公認会計士又はコンサルタントのみに開示するものとし、当該受領者に対して本契約と同等の義務を負わせるものとする。

4．受領者は、本目的のために合理的に必要な最小限度の範囲で行う場合を除

き、開示者の事前の書面による承諾を得ることなく、秘密情報を複製しない。また、受領者は、秘密情報を複製した場合、当該複製につき、開示者の秘密情報である旨の表示を付し、原本と同等の保管・管理をする。

5．受領者は、開示者が特に指定する秘密情報については、開示者の指示に応じて、複製の制限・管理、保管方法、接触可能人員等の規制手段を講じなければならない。

6．受領者は、国、地方公共団体、裁判所その他これらに準ずる機関から法令上の根拠に基づき秘密情報の開示を求められたときは、直ちに開示者と協議を行い、法令上強制される必要最小限の範囲、方法により当該機関に対し開示を行う。


**第4条（個人情報）**

1．受領者は、本秘密保持契約の目的に関連して開示者から開示された個人情報（個人情報保護法第2条第1項の定めに従う。以下「個人情報」という。）を、本秘密保持契約に従い秘密情報として取り扱うとともに、個人情報保護法に基づいて厳重に取り扱うものとする。

2．前項にかかわらず、開示者は、開示者の保有する個人情報を受領者に開示する場合、個人情報が特定できないように加工する等その情報が個人情報とならなくなるように努力する。


**第5条（取扱責任者）**

1．甲及び乙は、秘密情報の管理について、取扱責任者を定め、取扱責任者の氏名、役職及び連絡先を書面で相手方に通知する。取扱責任者が変更した場合にも同様とする。

2．受領者は、取扱責任者をして、受領した秘密情報に対するアクセスについて、秘密情報の内容、アクセスした者、日時、目的・必要性、アクセスの態様、複製作成の有無、秘密情報の返還・廃棄の方法等を記録させ、開示者の求めに応じて、その記録を提供する。


160　巻末資料

## 第6条（周知）

　受領者は、秘密情報に接するすべての者に対し、秘密保持の重要性、管理の責任・方法、本秘密保持契約における受領者の義務その他秘密情報の保護に関する必要な教育を行い、秘密保持義務の内容、遵守方法等について周知する。

## 第7条（監査）

1．開示者は、受領者による開示者の秘密情報の管理状況に関し、随時書面による報告を求める方法により監査することができるものとし、受領者は、誠実に協力するものとする。

2．開示者の秘密情報につき、目的外の使用又は不正な開示の合理的な疑いが生じたときは、開示者は、受領者に対し、秘密情報の目的外の使用又は不正な開示をしていないことにつき、合理的説明を求めることができる。

## 第8条（事故時の対応）

1．受領者は、秘密情報につき、漏出、紛失、盗難、押収等の事故（以下「本件事故」という。）が発生した場合又は発生のおそれがあることを認識した場合は、直ちにその旨を開示者に連絡し、開示者の指示に従い適切な対応をするものとする。

2．本件事故が発生した場合、開示者は、受領者による開示者の秘密情報の管理状況に関し、事前に通知をすることにより、自ら又は専門家を指名して、受領者の事業所に立入って監査することができるものとし、受領者は、誠実に協力するものとする。

3．本件事故が発生し、これに対処するための費用が生じ、又はこれによって第三者から損害の請求等がなされたときは、これらから生じた一切の費用、損害（上記事故に対応するために合理的に必要な調査、鑑定、弁護士等の専門家の費用を含む。）を負担するものとし、開示者が支出をしたときは、これを補償する。

## 第9条（秘密情報の返還）

　受領者は、本目的が終了した時若しくは本契約が終了した時又は開示者が求めたときはいつでも、開示者から受領した秘密情報を直ちに返還又は開示者の許諾を得て廃棄するものとし、また、開示者が求めた場合にはいつでもこれらを返還又は廃棄した旨の確約書を相手方に交付する。

## 第10条（発明等の取扱い）

１．受領者は、開示者の秘密情報を参照して発明、考案、意匠又はノウハウ（以下「発明等」と総称する。）の創作をした場合には、速やかに開示者に通知し、開示者と当該発明等の帰属及び取扱いを協議する。

２．前項の協議における合意に基づかずに、受領者が発明等につき産業財産権の出願をした場合は、次の各号によるものとする。なお、本項は、開示者の秘密情報につき、受領者の目的外使用及び出願等による第三者への開示を認めるものと解してはならない。

　（1）　発明等がもっぱら開示者の秘密情報に基づくとき、又は当該出願が受領者の秘密情報の目的外使用、秘密保持義務違反等の本契約違反を構成するとき：開示者は、その選択により、受領者に対し当該出願に係る権利の全部の移転、出願の取下げ、又は出願に係る権利の放棄を請求することができる。

　（2）　その他の場合：開示者は、発明等への寄与の割合に応じ、受領者に対し当該出願に係る権利の移転を請求することができる。ただし、当該権利の共有持分の割合は2分の1以上とする。

## 第11条（義務の不存在）

１．甲及び乙は、本契約に基づき相手方に対し何らの秘密情報の開示義務を負わない。

２．本契約に明示的に規定されているほかは、甲及び乙は、秘密情報について何らの権利（特許権、著作権、ノウハウその他の知的財産権に関する権利を含む。）も相手方に許諾しない。

3．甲及び乙は、本契約の締結及び本契約に基づく相手方に対する秘密情報の
　開示により、甲乙間で何らかの取引を開始することを約束するものではない。

## 第12条（リバースエンジニアリング等の禁止）

　受領者は、開示者の事前の書面による承諾を得ることなく、秘密情報のリバ
ースエンジニアリング並びに秘密情報がソフトウェアを含むときはその逆コン
パイル、逆アセンブル及びソースコード解析等の試みを行わない。

## 第13条（保証）

　本契約に基づき開示されるすべての秘密情報は、「現状のまま」提供され、
開示者は、秘密情報の正確性及び利用可能性に関する保証を含む、本契約に従
って開示する秘密情報に関する一切の保証を行わない。

## 第14条（反社会的勢力の排除）

1．甲及び乙は、自らが暴力団関係者その他暴力、威力、詐欺的手法を利用し
　て経済的利益を追求するもの（以下「反社会的勢力」という。）でないこと、
　反社会的勢力でなかったこと、反社会的勢力を利用しないこと及び反社会的
　勢力を名乗るなどして不当要求行為をなさないこと、並びに自らの主要な出
　資者、経営支配者及び役職者が反社会的勢力に属さないことを保証し、これ
　に違反した場合には、相手方は催告することなく、本契約を解除することが
　できる。
2．本契約の解除にかかわらず、解除した者が本契約に基づき相手方に開示し
　た秘密情報は、本契約の条項に従い取り扱われるものとする。また、本契約
　解除後も上記秘密情報にかかる秘密保持義務は継続する。

## 第15条（輸出管理）

1．甲及び乙は、秘密情報及びこれが含まれるデータ、物品を、国際的な平和
　及び安全の維持を妨げるおそれのある物品を製造する可能性があるものに開
　示、提供してはならない。

ひな形2　秘密保持契約書（詳細な形）　163

２．甲及び乙は、秘密情報及びこれが含まれるデータ、物品を、直接又は間接に、輸出又は再輸出する場合は、適用国すべての外国為替及び外国貿易法その他の輸出入関連法令を遵守し、所定の手続を履践するものとする。

## 第16条（秘密期間）

１．本契約の期間は＿＿年＿＿月＿＿日から２年間とする。

２．秘密情報は、本契約の終了時からさらに５年間本契約により秘密として保護されるものとする。ただし、この期間を超える場合であっても、当該秘密情報は、開示者の財産として留まるものとし、また、不正競争防止法その他の法律により保護されることを妨げない。

## 第17条（権利の譲渡禁止等）

甲及び乙は、事前の書面による相手方の承諾を得ることなく、本契約上の地位及び本契約により生じた権利義務の全部又は一部を第三者に譲渡し、又は承継（合併等の包括承継を含む。）させない。

## 第18条（仲裁）

本契約には日本法が適用され、また、本契約に関して紛争が生じた場合には、東京地方裁判所を第１審の専属的合意管轄裁判所とする。ただし、甲又は乙が、訴訟によらず、第一東京弁護士会又は第二東京弁護士会に仲裁を申し立てたときは、相手方はこれに応じ、甲と乙はその仲裁判断を最終的なものとしてこれに従うことを合意する。

（以下、省略）

**ひな形3** 経済産業省・参考条項

＊経済産業省公表2016年2月8日「秘密情報の保護ハンドブック」参考資料1第4「業務提携の検討における秘密保持契約書の例」（注記は省略）

秘密保持契約書

　　　　　株式会社（以下「甲」という。）と　　　　　株式会社（以下「乙」という。）とは、　　　　　について検討するにあたり（以下「本取引」という。）、甲又は乙が相手方に開示する秘密情報の取扱いについて、以下のとおりの秘密保持契約（以下「本契約」という。）を締結する。

**第1条（秘密情報）**

　本契約における「秘密情報」とは、甲又は乙が相手方に開示し、かつ開示の際に秘密である旨を明示した技術上又は営業上の情報、本契約の存在及び内容その他一切の情報をいう。

　ただし、開示を受けた当事者が書面によってその根拠を立証できる場合に限り、以下の情報は秘密情報の対象外とするものとする。

① 開示を受けたときに既に保有していた情報

② 開示を受けた後、秘密保持義務を負うことなく第三者から正当に入手した情報

③ 開示を受けた後、相手方から開示を受けた情報に関係なく独自に取得し、又は創出した情報

④ 開示を受けたときに既に公知であった情報

⑤ 開示を受けた後、自己の責めに帰し得ない事由により公知となった情報

**第2条（秘密情報等の取扱い）**

1. 甲又は乙は、相手方から開示を受けた秘密情報及び秘密情報を含む記録媒体若しくは物件（複写物及び複製物を含む。以下「秘密情報等」という。）

165

の取扱いについて、次の各号に定める事項を遵守するものとする。

① 情報取扱管理者を定め、相手方から開示された秘密情報等を、善良なる管理者としての注意義務をもって厳重に保管、管理する。

② 秘密情報等は、本取引の目的以外には使用しないものとする。

③ 秘密情報等を複製する場合には、本取引の目的の範囲内に限って行うものとし、その複製物は、原本と同等の保管、管理をする。

④ 漏えい、紛失、盗難、盗用等の事態が発生し、又はそのおそれがあることを知った場合は、直ちにその旨を相手方に書面をもって通知する。

⑤ 秘密情報の管理について、取扱責任者を定め、書面をもって取扱責任者の氏名及び連絡先を相手方に通知する。

2．甲又は乙は、次項に定める場合を除き、秘密情報等を第三者に開示する場合には、書面により相手方の事前承諾を得なければならない。この場合、甲又は乙は、当該第三者との間で本契約書と同等の義務を負わせ、これを遵守させる義務を負うものとする。

3．甲又は乙は、法令に基づき秘密情報等の開示が義務づけられた場合には、事前に相手方に通知し、開示につき可能な限り相手方の指示に従うものとする。


## 第3条（返還義務等）

1．本契約に基づき相手方から開示を受けた秘密情報を含む記録媒体、物件及びその複製物（以下「記録媒体等」という。）は、不要となった場合又は相手方の請求がある場合には、直ちに相手方に返還するものとする。

2．前項に定める場合において、秘密情報が自己の記録媒体等に含まれているときは、当該秘密情報を消去するとともに、消去した旨（自己の記録媒体等に秘密情報が含まれていないときは、その旨）を相手方に書面にて報告するものとする。


## 第4条（損害賠償等）

甲若しくは乙、甲若しくは乙の従業員若しくは元従業員又は第二条第二項の

第三者が相手方の秘密情報等を開示するなど本契約の条項に違反した場合には、甲又は乙は、相手方が必要と認める措置を直ちに講ずるとともに、相手方に生じた損害を賠償しなければならない。

## 第5条（有効期限）

本契約の有効期限は、本契約の締結日から起算し、満〇年間とする。期間満了後の〇ヵ月前までに甲又は乙のいずれからも相手方に対する書面の通知がなければ、本契約は同一条件でさらに〇年間継続するものとし、以後も同様とする。

## 第6条（協議事項）

本契約に定めのない事項について又は本契約に疑義が生じた場合は、協議の上解決する。

## 第7条（管轄）

本契約に関する紛争については〇〇地方（簡易）裁判所を第一審の専属管轄裁判所とする。

本契約締結の証として、本書を二通作成し、両者署名又は記名捺印の上、各自一通を保有する。

（以下、省略）

## ひな形 4　採用時誓約書

---

### 誓　約　書

　私は、今般、貴社に採用されるに際し、本誓約書記載の事項を遵守すること
を誓約いたします。

1．私は、次に例示する貴社の技術上、営業上その他貴社にかかるすべての情
　報（以下「秘密情報」という。）について、会社が公開した場合又は社内規
　定により許諾されている場合を除き、手段方法にかかわらず、一切使用又は
　開示しません。また、権限なく秘密情報にアクセスしません。
　① 　製品の検討、開発、製造、販売等にかかわる情報
　② 　仕入価格及び価格設定等に関する情報
　③ 　財務、予算、人事及び経営に関する情報
　④ 　各種マニュアル、顧客名簿、販売資料、各種調査情報
　⑤ 　取引先に関する情報、取引先から受領した秘密情報
　⑥ 　以上のほか、貴社にかかわる、又は貴社が保有する非公開の一切の情報

2．私は、他人の秘密情報につき、次のとおり誓約します。
(1)　従前の勤務先等から不正に取得したことはありません。
(2)　当社の事業に使用し、又は当社の役員・従業者に開示しません。
(3)　貴社に送信し、又はその記録、記載された媒体を、貴社に持ち込みません。

3．貴社の顧客情報、経営情報、技術情報及びその他秘密情報は、私が取得、
　開発、創出したものであっても、貴社の業務に関連して取得等したものであ
　り、当該秘密情報は貴社に帰属することを確認します。秘密情報以外の貴社
　の業務に関連する私の著作、発明、考案、意匠その他の知的財産についても
　同様とします。また、在職中、退職後を問わず、上記秘密情報及び知的財産

の権利を貴社に帰属させるために必要な手続に協力し、また、その権利が私に帰属する旨の主張をしません。

4．私は、貴社から開示、提供された次の秘密情報等（以下「貴社秘密情報等」という。）を、在職中は、貴社の秘密情報管理規定に従い、厳に秘密として保持し、不要な複製の作成、目的外の使用、第三者への開示等をしません。

① 秘密情報及びこれに関する資料、媒体、データ並びにこれらの複製

② 貴社又は業務に関する図書、書類、図面、ネガを含む写真、電磁的記録並びに製品、コンピュータープログラム、サンプル及び研究開発中の製品、装置・設備その他これらに関連するパンフレット、メモ、データその他一切の資料並びにそれらの複製

③ 以上のほか、貴社が指示するもの

(2) 退職の際は、貴社秘密情報等を貴社に返還し、返還を貴社と確認のうえ返還確認書を提出いたします。また、私が保存したデータ（複製を含む。）は、貴社の指示に従い、媒体に保存されたまま返還し、又は貴社指定の媒体に移動若しくは送信して返還（この場合、保存したデータそのものは消去）します。

(3) 退職後は、自ら又は第三者をして、貴社秘密情報等を保持しません。

5．私は、退職後といえども、貴社における内部不正及び情報漏えいに関する通報又は発生に際し、貴社から個人の電磁記録媒体の提出を求められた場合並びに私が貴社に遵守することを誓約した事項に反する疑いが生じ調査を求められた場合は、これに協力します。

6．私は、退職後、貴社の顧客に対して、貴社の顧客（過去の顧客、見込顧客として記録された者を含む。）に対して、面談、書面、電子メールその他方法の如何を問わず、接触しません。

7．私は、貴社退職後2年間は、貴社の事前の書面による承諾なしに、貴社勤

務中に私が担当した業務にかかる貴社の事業と競合する企業に就職し、又は役員として就任すること、又は自ら若しくは第三者をして上記の貴社の事業と直接競合する事業を営みません。貴社の上記承諾を得る際は、誠実に協議をします。

8．私は、貴社退職後２年間、自己又は第三者のために、不当に貴社の役員及び従業員を雇用し、また、これらに対して雇用を勧誘しません。

9．万一、前各項の規定に違反した場合には、私は、私に民事・刑事の法的な責任が生ずることを十分に理解するとともに、前記違反により生じた貴社の損害に対してすべての賠償の責めを負うことを誓約します。

年　　　月　　　日

株式会社○○　御中

住所：

氏名：　　　　　　　㊞

・・・・・・・・・・・・・・・

上記写しを受領しました。

　年　月　日

氏名　　　　　　　㊞

**ひな形5** 退職時誓約書

誓　約　書

　私は、今般、貴社を退職するに際し、本誓約書記載の事項を遵守することを
誓約いたします。

１．私は、次に例示する貴社の技術上、営業上その他貴社にかかるすべての情
　　報（以下「秘密情報」という。）について、会社が公開した場合を除き、手
　　段方法にかかわらず、一切使用又は開示しません。
　　①　製品の検討、開発、製造、販売等にかかわる情報
　　②　仕入価格及び価格設定等に関する情報
　　③　財務、予算、人事及び経営に関する情報
　　④　各種マニュアル、顧客名簿、販売資料、各種調査情報
　　⑤　取引先に関する情報、取引先から受領した秘密情報
　　⑥　以上のほか、貴社にかかわる、又は貴社が保有する非公開の一切の情報

２．貴社の顧客情報、経営情報、技術情報及びその他秘密情報は、私が取得、
　　開発、創出したものであっても、貴社の業務に関連して取得等したものであ
　　り、当該秘密情報は貴社に帰属することを確認します。なお、秘密情報以外
　　の貴社の業務に関連して私が取得した著作権その他の知的財産権についても
　　同様とします。また、退職後も、上記秘密情報及び知的財産権を貴社に帰属
　　させるために必要な手続に協力し、また、その権利が私に帰属する旨の主張
　　をしません。

３．　私は、貴社から開示、提供された次の秘密情報等（以下「貴社秘密情報
　　等」という。）を貴社に返還し、返還を貴社と確認のうえ返還確認書を提出
　　いたします。また、私が保存したデータ（複製を含む。）は、貴社の指示に

従い、媒体に保存されたまま返還し、又は貴社指定の媒体に移動若しくは送信して返還（この場合、保存したデータそのものは消去）します。

　そして、退職後は、自ら又は第三者をして、貴社秘密情報等を保持しないことを誓約します。

① 秘密情報及びこれに関する資料、媒体、デジタルデータ並びにこれらの複製

② 貴社又は業務に関する図書、書類、図面、ネガを含む写真、電磁的記録並びに製品、コンピュータプログラム、サンプル及び研究開発中の製品、装置・設備その他これらに関連するパンフレット、メモ、データその他一切の資料並びにその複製

③ 以上のほか、貴社が指示するもの


4．私は、貴社在職中、貴社の秘密情報及び関連する資料を第三者に開示・漏えい・交付していないこと、並びに貴社の知らない貴社名義の書面（電磁的記録を含む。）の発行、契約の締結（発注、受注を含む。）及び書面への署名・押印をしていないことを誓約します。


5．私は、退職後といえども、貴社における内部不正及び情報漏えいに関する通報又は発生に際し、貴社から個人の電磁記録媒体の提出を求められた場合並びに私が貴社に遵守することを誓約した事項に反する疑いが生じ調査を求められた場合は、これに協力します。


6．私は、退職後、貴社の顧客（過去の顧客、見込顧客として記録された者を含む。）に対して、面談、書面、電子メールその他方法の如何を問わず、接触しません。


7．私は、貴社退職後２年間は、貴社の事前の書面による承諾なしに、貴社勤務中に私が担当した業務にかかる貴社の事業と競合する企業に就職し、又は役員として就任すること、又は自ら若しくは第三者をして上記の貴社の事業

と直接競合する事業を営みません。貴社の上記承諾を得る際は、誠実に協議をします。

8．私は、貴社退職後2年間、自己又は第三者のために、不当に貴社の役員及び従業員を雇用し、また、これらに対して雇用を勧誘しません。

9．私は、今後とも、貴社の信用を低下させ、又は、貴社の業務を妨害するおそれのある言動を一切いたしません。

10．万一、前各項の規定に違反した場合には、私は、私に民事・刑事の法的な責任が生ずることを十分に理解するとともに、前記違反により生じた貴社の損害に対してすべての賠償の責めを負うことを誓約します。

（以下、省略）

**著者紹介**

## 出澤総合法律事務所

東京都千代田区麹町 3-2-5　垣見麹町ビル別館 5 階

TEL 03-5215-2293　URL http://www.idesawalaw.gr.jp/

　企業法務を中心に、日々の契約書審査から、IPO 支援、法務デューディリジェンス、コンプライアンス・レビュー、労働審判、保全、訴訟まで、専門性を生かした業務を行う。公益通報外部窓口としての対応も多く実績を積んでいる。また、依頼者とともに法律知識のレベルアップを図るために、法律セミナーや各種研修を定期的に開催し、さらに、リーガルサービスに留まることなく、幅広く経営、マーケティング、会計等ビジネス分野の研究も深め、より価値の高いサービスの提供ができるよう努力をしている。

## 出澤　秀二（いでさわ　しゅうじ）

弁護士（1983年登録）、一橋大学法学部卒業

出澤総合法律事務所代表弁護士。電子認証審査委員会委員（国土交通省）、司法研修所民事弁護教官、法制審議会成年年齢部会委員（法務省）など歴任。共著に『モデル文例つき英文契約書の知識と実務』（日本実業出版社）、『詳解 営業秘密管理』（新日本法規）、『実践‼ 契約書審査の実務〈改訂版〉』（学陽書房）など。契約書作成の実務をはじめ多数のセミナーの講師を務める。

# 実践!! 秘密保持契約書審査の実務

2019 年 12 月 6 日　初版発行
2023 年 7 月 14 日　3 刷発行

著　者　　出澤総合法律事務所
発行者　　佐久間重嘉
発行所　　学　陽　書　房

〒102-0072　東京都千代田区飯田橋 1-9-3
営業　電話　03-3261-1111　FAX　03-5211-3300
編集　電話　03-3261-1112
http://www.gakuyo.co.jp/

ブックデザイン／佐藤　博
DTP 制作／精文堂印刷　印刷・製本／大村紙業

★乱丁・落丁本は、送料小社負担でお取り替え致します。
ISBN 978-4-313-51172-9　C2032
©Idesawa & Partners 2019. Printed in Japan
定価はカバーに表示しています。

JCOPY　〈出版者著作権管理機構 委託出版物〉
本書の無断複製は著作権法上での例外を除き禁じられています。複製
される場合は、そのつど事前に、出版者著作権管理機構（電話03-5244-
5088、FAX 03-5244-5089、e-mail：info@jcopy.or.jp)の許諾を得てくだ
さい。

## ◎好評既刊◎

# 業務委託契約書「審査」の事例から新民法のポイントもつかむ！

さまざまな場面に対応できるよう、業務委託契約書にまつわる現場のギモンを経験豊富な著者が集約！　明快なアンサーを打ち出す。

### 実践!!　業務委託契約書審査の実務

出澤総合法律事務所 ［編］

牛山　琢文・丸野　登紀子・若狭　一行・稲田　祥子 ［著］

A5判並製／定価＝本体2,400円＋税